育てることと勝つことと

鈴木政一のコーチング・フィロソフィー

鈴木政一

育てることと勝つことと
もくじ

第 1 章

ストーリー

サッカーとの出会い	10
本格的にサッカーを始める	12
日体大への誘い	16
日体大での生活	19
就職先はヤマハ発動機サッカー部	23
夢のトップリーグに	28
思い出の天皇杯	32
指導者としての旅立ち	34
グレミオから受けた衝撃	39
Ｊリーグの開幕	44
若手の指導者を指導する	47
ジュビロ磐田の監督に	49
クラブ世界一との戦い	55
選手とのミーティング	57
判断するということのよい例	66
学習能力とは	68
ジュビロを去る決意	77
母校からのオファー	80

第2章

理念

I 各年代のサッカー指導	91
1．幼稚園（チャイルド）5歳～6歳	93
2．小学校低学年（1・2年生）7歳～8歳	95
3．小学校中学年（3・4年生）9歳～10歳	97
4．小学校高学年（5・6年生）11歳～12歳	98
5．中学生（1年生～3年生）13歳～15歳　U-15	103
6．高校生（1年生～3年生）16歳～18歳　U-18	103
7．大学生（1年生～4年生）19歳～22歳	105
8．日本のサッカー	108

II 一貫指導	111
1．観ることを教える	112
2．指導者の姿勢	114
3．サポートのキーワード	115
4．プロの条件	116

5. プレー（判断）の共有化　　　　　　　　　　　　119
6. チームをつくるにあたり、一つの考え方を説明したい　124
7. 日本の一貫指導の現状　　　　　　　　　　　　126
8. 楽しむための判断　　　　　　　　　　　　　　128

III 指導方法　　　　　　　　　　　　　　　　　131

1. トータル・サッカー　　　　　　　　　　　　　132
2. 自分を知ること、味方を知ること、相手を知ること　133
3. 方法論中心の指導とは　　　　　　　　　　　　136
4. グループ戦術　　　　　　　　　　　　　　　　137
5. 数の優位さをつくる　　　　　　　　　　　　　140
6. 練習のための練習ではいけない　　　　　　　　143
7. トレーニングの理解と目的　　　　　　　　　　146
8. ミスの理由　　　　　　　　　　　　　　　　　147

IV 選手の育て方　　　　　　　　　　　　　　　149

1. 対等に競える環境　　　　　　　　　　　　　　150
2. チームの育て方　　　　　　　　　　　　　　　153
3. ポジションの決め方　　　　　　　　　　　　　155
4. 日体大のサッカー　　　　　　　　　　　　　　157

5．世界のサッカー	**158**
6．サッカーを通しての人間形成	**160**
7．組織について	**162**

Ⅴ よい指導者とは	**163**

1．監督、コーチの責任	**164**
2．よい指導者とは	**165**
3．クラブ活動の問題点	**166**
4．よい指導者の条件	**167**
5．若手の指導者へのアドバイス	**170**
6．指導者として大切なこと	**175**
7．U-18の監督に召集されて	**179**

第3章

対談	**182**

資料	**203**
あとがき	**210**

第1章

ストーリー

サッカーとの出会い

「なぁマサ、おれらと一緒にサッカーやろうぜ」

野球部に所属していた私に、暇さえあればサッカー部の同級生が声をかけてくる。

「あー、考えておくよ」

私は1955年の1月1日、甲府盆地の中央部に位置する山梨県笛吹市で生を受けた。幼少時代は自然豊かな笛吹市で、誰もがそうであったように日が傾くまで外で遊んだ。スポーツとの出会いは笛吹市御坂西小学校の5年から始めたソフトボールである。

「向かいの家が、御坂中学の野球部のエースで、よくキャッチボールをしてくれた」

近所にも野球をしている友だちが多く、家に帰ると年上のお兄さんたちとキャッチボールをするのが日課だった。慣れてくるとだんだんと球のスピードが速くなる。そんな環境で育ち"巨人・大鵬・卵焼"と言われていた時代、例外に漏れず長嶋茂雄[1]に熱狂した。

御坂中学に入学する際には、迷わず野球部の門を叩いた。打つ方はあまり得意とは言えず、打順は7番辺り。しかしポジショ

---

1) 長嶋茂雄。1936年、千葉県出身。読売ジャイアンツ終身名誉監督。1958年に入団以来、1974年の引退まで巨人軍一筋のスーパースター。首位打者6回、本塁打王2回、打点王5回、最多安打10回。巨人軍監督として日本一2回、リーグ優勝5回。愛称は"ミスター"。

ンは誰が何と言おうが、長嶋と同じサードを守った。
　そんな２年生も終わるころ、教室の外に見覚えのある先輩の姿があった。
「政一、ちょっといいか？」
　サッカー部の先輩たちだ。
「お前、サッカーやらないか？」
　これまでも同級生には何度も声をかけられていたが、ついに上級生からのお誘いである。
　せっかく野球部で、あこがれの長嶋と同じサードを守り、あとはバッティングだけだと、日々素振りに精をだし、特訓を受けていたころに突然の誘いだった。
　思えば中学に入り、練習もしていないわりには、体育のサッカーでは目立ったプレーをしていたようだ。
「ちょっと考えさせてください」
　確かに授業でのサッカーは楽しかった。そして紆余曲折はあったが、３年生の新学期からサッカー部に籍を置くことになった。
　御坂中学のサッカー部は、私が２年生のときに山梨県大会で優勝している強豪である。
　移ったからには結果を残さなければ、野球部の仲間たちに顔向けができない。体育の授業で少しくらい上手いといってもそ

こは素人。3年生といえども練習は、新入部員の1年と同じ基礎からである。

それでも夏休みになるころにはゲームにでるようになり、県大会ではベスト4に貢献した。

初めてのゲームではインナー[2]をやった。どちらかというと攻撃に参加するポジションで、実際に試合で得点したこともあった。

当時はWMという、バックスが3人でボランチが2人、ハーフが2人でフォワードが3人というシステムが一般的だった。意味合いは少し違うが、今でいう3-4-3のようなフォーメーションである。

本格的にサッカーを始める

高校はサッカーのできる山梨県立石和高校に決めた。石和高校は当時、県大会で常にベスト4に入るチームだった。しかし、入学してみると顧問の先生は県立日川高校に転勤しており、サッカー部に指導者はいなかった。OBが来て指導するか、3年生キャプテンがトレーニングメニューを決めることが多かっ

---

2) インナー。フォワードの横のポジション。今でいうセカンドトップ。

た。そのため練習は、走って、走って、また走る。そして対人練習、なかでも1対1が多かった。

　まだサッカーを始めて1年と少ししか経っていなかった私は、無我夢中でトレーニングに集中していたように思う。

「本当は小学生くらいでやるといいのだが、サッカーを始めるのが遅かったので仕方ない」

　今思えばドリブルにしても、もっと低学年で基礎をしっかりやっていれば、もう少し上手になっていたはずだ。

「夏の練習はきつかった。とくにかく水を飲んではいけないと言われていた時代。炎天下、水も飲まずにトレーニングを行っていた」

　今はリフティング練習をゲームに生かすにはどうすればいいかを考える。ドリブルの練習は？　対人でするヘディング練習は？

　しかし当時は、ただひたすらボールを落とさないことだけに集中していた。だからボールばかり観ていて、相手を観る習慣がついていない。

「しかも相当な負けず嫌い。誰よりもボールを落とさない。そのことだけを考えていた」

　今でもこのような練習をしている子どもたちがいるかも知れ

ない。しかしリフティングも、ボールを落とさないことを練習の目的とするのではなく、小学生、中学生のときにリフティングをしながらでも、相手を観る習慣を身に付けておくことが、その後のサッカー人生で非常に大事になってくる。
「今の指導を子どものころに受けていたら、もっと上手くなっていたと思う。それが少し残念」

　1年生ですでにサイドバックとして時々試合に出ていたが、ここでこれからのサッカー人生を左右する人物に出会うことになる。その人は2つ年上の3年生で、テクニックとスピードを兼ね備えた須田先輩だ。私は須田先輩にいろいろと面倒を見てもらった。
　1対1の練習はレギュラー同士のマッチングで行うが、最後は必ず私を呼んでトレーニングをしてくれた。先輩方との1対1の練習のおかげで、相手との間合いや駆け引き、フェイントの動きへの対応など、ディフェンスとしての基礎を習得できた。
　ただし、このころ両親はサッカーを行うことを認めてくれてはいなかった。
「練習でスライディングをすると腰に擦り傷ができる。赤チン塗ってもらうたびに、父ちゃんに小言を言われた」

サッカーパンツは血だらけ、練習着は真っ黒。洗濯しても落ちやしない。

　母は若いころ陸上競技の選手だったので、スポーツに対する理解がないわけではなかった。

　問題は父で、私を政治の世界に入れたかったようだ。育った町は、副総裁をつとめた金丸信のお膝元。父が町議会議員をしていたこともあり、議員になってほしかったのだろう。名前も"政一"、政治で一番になれ、と言うことだったらしい。

「サッカーなんてやってないで勉強しろ」

　それが口癖だった。

　認めてくれたのは、石和高校全体で３人だけ選ばれた国体選手になったころからだ。選ばれた３人のうちの２人はテニスのダブルスで、残りの１人がサッカーの私だった。

　高校３年生のときに山梨代表として国体に出場できたのも、県大会でベスト４入りしたのも先輩方の指導の賜物だと思っている。

　高校３年生のときにキャプテンになった。ポジションはリベロ[3]。チーム一の点取り屋で、フリーキックは全部蹴った。山梨県大会で準優勝して関東大会に出たが、全国高校サッカー選手権大会の山梨県予選はベスト４で散った。

---

3) リベロ。ディフェンダーの最後尾で、特定の相手をマークせず、カバーを専門とするポジション。

キャプテンを任されたこの1年、土日のゲーム後には必ず副キャプテンを家に呼んでミーティングを行い、1週間分のトレーニングメニューを考えた。
「試合に負けたら反省から始まって、何が悪かったのか、だったらこういう練習をしよう」
　反省から分析、練習メニューの立案から実戦への応用まですべて自分たちで考えた。

日体大への誘い

　高校3年生の秋、国民体育大会の選抜合宿を韮崎高校で行っていたとき、日本体育大学サッカー部が合宿の帰りにやってきた。そのとき、選抜メンバーと日体大のレギュラーが試合をすることになり、試合後、日体大の斉藤照夫監督に呼ばれた。
「お前、大学は決まっているのか？」
　身長が173cmで59kgしかなかく、線が細かったので大学でサッカーを続ける気はなかった。
「いいえ。決めていません」
　そう言うと斉藤監督が、

「お前は日体大に来い」

そこでは曖昧な返答しかしなかった。

大学進学さえも考えていなかったので、斉藤監督の誘いに戸惑い、大学サッカーに思いをめぐらせていた。そんなとき父が病に倒れた。

布団に横たわる父の足をマッサージしながら、こう言った。

「おれ日体大の監督に来ないかって誘われたけど、近くの会社に就職してサッカーを続けようと思う」

進学の意思のないことを伝えると、父は黙って頷いた。

家は農業をしていたが、兄が継いでいるので家の手伝いという選択肢はない。もともとは米を作っていたが、土壌を調べると果樹園がよいという結果になり、私が高校生のころからモモとブドウを作っている。

高校3年も残りわずかとなり、進学か就職か悩みながらも進路の準備をしていたころ、岩間先輩が高校にやってきた。岩間さんは御坂中学、石和高校の先輩で、このときは日体大の3年生でサッカー部のレギュラーだった。

その大先輩が突然、高校にやってきたのだ。廊下を教室に向かって歩いてくる。

「あれっ、岩間先輩じゃないか」

驚いたが、すぐに大学進学のことだと分かった。

　岩間先輩は担任と家まできて、両親に大学生活の話をいろいろとしてくれた。私は黙ってその話を聞いていたが、心の中では、

「おれは日体大でサッカーをするのは無理だろう。身体も小さいし、やっていく自信がない」

　しかし、岩間先輩の熱心な話に心を打たれたのか、父がポツリと言った。

「政一、こんなに一生懸命に誘ってくれるのだから、日体大でサッカーやってみたらどうだ」

　大学でのサッカーに迷いはあったが、大学に行くという実感がなかったので、岩間先輩には、

「1日だけ待ってもらっていいですか、じっくり考えてみたいんです」

　そう言うのが精一杯だった。

　山梨県選抜や石和高校からも、友だちが5人くらい日体大を受験するという話も聞いていた。ちょうど国体も終わり、もう少し高いレベルでサッカーを続けてみたいという思いも出始めていた。そんなところに大先輩からの誘いが後押しとなり、日体大への進学を決意したのである。

日体大での生活

　入学と同時に地獄のような練習の日々が待っていた。キャンプの初日、いきなり陸上競技場のまわりを10周。
「ヨーイ、ドン！」
　全力疾走である。10周走った後も、走って、走って、また、走る。
「つぎー、ダッシュ10本！」
「オレは、日体大に陸上をやりにきたのか」
　そんな想いをしながらも、必死に走った。
　二日目は駒沢競技場第一グラウンドの周りを、240人の部員が一列になり、前屈みになって膝に手を当てる。馬跳びである。次から次へと跳んで行く。しかし"馬"は240。いつになっても終わりはしない。
　やっとの思いで馬跳びを終えると、お決まりの外周を10周。そしてダッシュ。

　日体大のサッカー部は1学年80人、全体では240人を数える大所帯。合宿所にはそのなかのA、B、Cチームの80人が生活をともにし、1年生が4人1組で食事を担当していた。

1年生からAチームには私を含め、10数人が選ばれた。1年生のときのキャンプで、サッカー場全体を使った1対1の練習をしたときのこと。

　相手は3年生。高校時代、2つ年上の須田さんに散々練習をしてもらっていたので、1対1には自信があった。実際、簡単に抜かれることはなかった。しかし練習は1対1だが、やっているのは3年対1年だ。

　後で何が待っているか想像もしたくない。しかも、罰ゲームとして負けた方が肩車をしなければならなかった。

　分からないように、わざと抜かれたはずだった。しかし観ている方も素人ではない。3年生の別の先輩に、

「お前、何の練習してんだ。そんなんじゃポジションなんか取れるわけないだろ」

　次の日からの1対1は、

「すいません」

と心の中でつぶやきながら、ほとんど抜かれることはなかった。先輩に肩車をさせるのは気まずかった。

　高校時代、大学時代とポジションはリベロで、常に前にいる味方の選手3人の分析と中盤の攻撃を観ながら、相手選手の分析をしていた。

このころ、サッカーの皇帝と言われたフランツ・ベッケンバウワー[4]が守備だけではなく、積極的に攻撃に参加することでリベロというポジションを定着させた。

　大学時代は右のサイドバックに必殺タックルを持った選手がいたが、スピードがないので抜かれるとシュートまで持っていかれた。左のバックスは抜かれても、最後の最後までねばって何とかするタイプだった。そのため右のカバーに回ることが多かった。センターバックは相手のマークについているので、右寄りのポジションをとってカバーに回っていた。

　「一番やり難かったのは、スピードに任せて突っ込んでくるタイプ。何回止められても、何度も何度も仕掛けてくる」

　選手たちには常々こう言っている。

　「相手に嫌われるプレーヤーになれ」

　一度シュートを外したからとパスを選択するようなフォワードならば、ディフェンダーから観ればこんなに楽な相手はいない。

　生活面も言葉では表せない、想像を絶する体験が待っていた。数ある武勇伝や不条理な出来事の一つ一つが思い出となり、宝物となっている。

　「大学時代を思えば、社会に出ても大抵のことは苦労だとは

---

4) フランツ・アントン・ベッケンバウワー。1945年、ドイツ出身。西ドイツ代表キャプテン。1974年W杯西ドイツ大会優勝。リベロ・システムを確立。ドイツ代表監督として1990年W杯イタリア大会優勝。語録「強い者が勝つのではない、勝った者が強いのだ」

思わない。むかしの仲間にあっても、大学時代の話でいまだに酒が飲める」

　大学時代の日体大サッカー部は強かった。2年生のときから試合に出るようになり、関東大学春季1部リーグで優勝した。3年生からは常にレギュラーとして試合に出ていた。その年、法政大学を破り、全日本インカレで優勝した。
　4年を目前に控えたある日、キャプテンの高山さんに、
「おいマサ、お前来年キャプテンやれ」
　その一言で、キャプテンをやることになった。
　昨年度、全日本インカレで優勝している日体大は、他校から厳しいマークを受けていた。戦術も研究され、苦しい戦いが続いた。秋のリーグ戦は2位、全日本インカレも法政大学に負けて、こちらも2位という結果に終わった。
　このときの日体大のサッカーは、状況に応じてロングパスを多用した。優勝した法政のように繋ぐサッカーはできないと考えられていたからだ。しかし全日本インカレの決勝では、法政大学のお株を奪う繋ぐサッカーをやってみせた。
　リーグ戦では唯一の敗戦が、西が丘サッカー場での早稲田大学戦、0対3だった。試合後、誰もいないスタンドで反省会と称されてはいるが、怒号を浴びるだけの2時間がむなしく

過ぎていった。敗戦と怒号で、やりようもない怒りを酒にぶつけ、翌朝まで飲んだ。

　3年生で全日本インカレを制し、そのほとんどが4年生のレギュラーとして残った。
「チームのほとんどが4年だと、どこかで甘えが出る。仲良し軍団になってしまったことも敗因のひとつ」
　そんな経験をした1年だった。

就職先はヤマハ発動機サッカー部

　就職活動といっても、とくに企業を回ることもなく、サッカーを続けるかどうかも迷っていた。ましてやサッカーで飯を食おうなど考えてもいなかった。
　そんなとき、関東大学選抜に日体大から1人だけ選ばれ、ウルグアイ選抜と試合をすることになった。
「このときに集まった連中が、上（JSL＝日本サッカーリーグ）でサッカーをする。おれは○○から誘われた」
　そんな話を聞いているうちに、自分もサッカーを続けていく

ことになるのだろう、そう思うようになっていた。

　そうこうしていると、トヨタはどうだという話がきた。
「トヨタに入るのか」
と漠然と考えていた。
　するとある日、斉藤監督に呼ばれ、
「ヤマハ発動機の杉山隆一[5)]さんのところに行ってこい」
　杉山隆一と言えば日本代表時代、釜本邦茂[6)]とともにメキシコ五輪の銅メダルに貢献した俊足のウイング。左足から繰り出される強烈なシュートは、"黄金の左足"と評された。引退後、地元である静岡に戻り、ヤマハ発動機サッカー部の創設当時から監督としてチームの強化にあたっている人物だ。
　さっそく静岡に行き、杉山さんを訪ねた。
　杉山さんは、
「うちのチームでともにがんばろう」
と、将来の夢を熱く語ってくれた。
　トヨタは大企業で、チームはJSLの2部に降格したとはいえ、1部常連の名門である。ヤマハはといえば創部5年目で静岡県社会人サッカーリーグで優勝し、東海社会人サッカーリーグに上がったばかりのこれからのチームだ。
　悩んだ末に、杉山さんの言葉に心を打たれたこともあったが、

---

5) 杉山隆一。1941年、静岡県出身。日本代表FW。1964年東京オリンピックベスト8。当時、海外クラブから提示された金額から「20万ドルの左足」と呼ばれた。1972年メキシコオリンピック3位。
6) 釜本邦茂。1944年、京都府出身。日本代表FW。代表では、杉山とのコンビでゴールを量産した。1972年メキシコオリンピック得点王。

トレーニング環境や将来性、そして何より試合に出るにはヤマハの方が早いと判断し、ヤマハ発動機への就職を決めた。

ヤマハでの1年目は東海リーグからのスタートだった。創部以来、静岡県2部、1部と順調にリーグ優勝し、東海リーグを迎えた。東海リーグとは、静岡、愛知、岐阜、三重の4県のそれぞれの県リーグの上位2チームが所属する地域リーグである。

社会人1年目のシーズンを迎えるためのキャンプでのこと。ヤマハには市川三雄という素晴らしいプレーヤーがいた。社会人チームのトレーニングはグリット（決められた範囲）での4対2や5対2、1対1やシュート練習を中心に時間が費やされる。なかでも市川さんは1対1に絶対の自信を持っていた。

市川さんとの1対1に、ディフェスの選手たちがなかなか行きたがらなかった。当たりが強いし中心選手だったので、何となく遠慮していた感がある。

「ディフェンスが誰も行きたがらない。この人を抑えることができればレギュラーに近づくかもしれない」

失うものが何もない新人は、果敢に1対1の勝負に出たが、さすがに社会人リーグでレギュラーを張っている人だけあって、ボールを取りにいくとかわされて取れない。身体が強くボー

ルを失わない。視野が広くパスの精度が非常に高い選手だった。
　しかし何回か対戦しているうちに、だんだんとシュートを打たれないようになってきた。
「繰り返し市川さんと1対1をすることで、ポジションを獲得できたと思っている」
　当時のヤマハは3トップで、抜群に両サイドの足が速かった。市川さんがボールを持つと、いきなり両サイドが走り出す。そしてボールを蹴った音を聞いて振り返ると、そこにボールが飛んでくる。そのくらいパスの精度が高かった。その日は4本蹴って、3本はピタリと足元に飛んでいった。

　社会人チームと言っても、今のJリーグのようなプロ組織ではない。あくまでも企業の運動部。プロ選手もいない。
　私は入社と同時に購買部への配属となり、オートバイの部品の買い付けを行った。部品メーカーを回って、価格交渉をして、合見積りをとって契約する。安くてよい部品を仕入れるのが主な仕事である。買い付けたのは、ガスケットと言うエンジンがオイル洩れしないようにする部品であった。
　サッカー部員は寮生活をしていた。一日の生活は7時から朝食、8時から12時まで仕事。13時から練習というスケジュールだった。

サッカー部の選手は、サッカーに専念できる部署に所属する者もいたが、購買部（資材部）に配属された部員はしっかりと仕事も行っていた。
　なぜかはいまだによくわからないが、当時の購買部の課長が新入部員の写真を見て、こいつは購買でとると言ったそうだ。それで私の配属が決まった。そして、いつだったか課長にこんなことを言われた。
　「いいか鈴木くん、サッカーができるのは短い時間だ。将来のことを考えて一生懸命に仕事を覚えなさい」
　その言葉を胸に、現役時代も仕事で手を抜いたことはない。

　社会人1年目のリーグを11勝1分1敗で終え、優勝を果たした。そしてJSL2部昇格への入替戦を迎えた。対戦相手は田辺製薬。しかしここまで順調に勝ち進んできたヤマハに試練が訪れる。1戦目を1対3で落とし、2戦目を0対1で勝利したものの、2部への昇格を逃したのである。
　2部昇格ができなかった悔しさをバネに、2年目のシーズンが幕を開けた。この年から、JSL2部昇格の入替戦への出場権が得られる全国社会人サッカー選手権大会（上位2チーム）が、全国地域サッカーリーグ決勝大会へと変更になったが、同大会も優勝することができた。

そして迎えた入替戦では、京都紫光クラブに1戦目を3対0で勝ち、2戦目は0対1で敗れはしたもののJSLの2部への昇格を果たした。

しかし、さすがにJSLの2部はトップリーグを目指すだけあって、そう簡単には勝たせてくれない。12勝6敗の2位でリーグ戦を終えた。ただ、2位ということは入替戦で勝てば、1部昇格のチャンスがある。

ここで日本鋼管に勝利し、ついに念願のJSL1部に昇格したのである。ヤマハ入団4年目のことであった。

夢のトップリーグに

5年目のシーズンを夢にまで見たトップリーグで迎えることになった。しかし、そこはトップリーグ。10チーム中9位（5勝3分10敗）という成績でシーズンを終えた。ちなみにこの年の優勝は、釜本邦茂率いるヤンマーディーゼルだった。

昨年は昇格をかけた入替戦、しかし今回は、負ければ降格する入替戦である。相手は2部2位の富士通。1戦目を1対0で勝利し、2戦目を1対1で引き分け、何とか1部残留を決

めた。

 1部に残留した1981年、アヤックス[7]へのサッカー留学の機会に恵まれた。期待に胸を膨らませて、オランダはアムステルダムに降り立った。当時アヤックスの監督はドイツ人のクルト・リンデル[8]。
「私は結果を出さなければならない。だから君たちにかまっている余裕はない」
 会うなり見放された我々は、途方に暮れるしかなかった。このときの遠征メンバーは杉山隆一、山本昌邦[9]、石神良訓[10]、そして私の4人。
 2軍との練習に飽き飽きしながら、1週間が経過した。
「おいマサ、こんなことをしていても仕方ない。おれは帰る」
 そう言い残して、杉山さんは帰国してしまった。それからは、2軍もシーズンに入るので練習もできない。残された我々は近くの公園で練習した。
 このままでは何をしにきたのか分からない。通訳をつれてアヤックスの本部に乗り込んだ。

---

7) アヤックス・アムステルダム。1900年創設。オランダ・アムステルダムに本拠地を置く、リーグ優勝31回、UEFAチャンピオンズカップ・リーグ優勝4回、トヨタカップ優勝2回の名門クラブ。
8) クルト・リンデル。ドイツ出身。現役時代はオリンピック・マルセイユやPSVアイントホーフェンなどでプレー。
9) 山本昌邦。1958年、静岡県出身。1983年のヤマハ発動機サッカー部の天皇杯優勝に貢献。1998年に日本代表コーチ、2002年にはアテネオリンピック日本代表監督に就任。
10) 石神良訓。1957年、静岡県出身。日本代表DF。静岡工業で高校選手権準優勝。ヤマハでは天皇杯優勝、87-88のリーグ戦制覇に貢献した。

「何とか、練習環境を与えてくれ」

「分かった。明日、グラウンドにきてくれ」

次の日、指定されたグラウンドに行くと、そこはアヤックスの13歳〜15歳のジュニアクラスの練習会場だった。我々はジュニアと一緒に走り回った。アヤックスでは13〜15歳のクラスは走ることが中心。16〜18歳のクラスになるとゲームが中心。トップクラスはコンディショントレーニングが中心になる。

アヤックスに留学したころ、ライカールト[11]が1軍半くらいの選手だった。ファネンブルグ[12]、キーフト[13]、かれらもトップチームにいたが、一緒に練習できたのはスプリント系の坂道ダッシュなど、ボールを持たない練習ばかりだった。ゲームは観るだけ、絶対に参加させてはくれなかった。

ただ1日だけ、なぜか急に監督が、

「ミニゲームをやってみるか？」

そのゲームにでてきたのが、ライカールト、ファネンブルグ、キーフトの3人。まったくボールが取れなかった。

「これで1軍半とは。これがアヤックスのレベルなのか」

"世界"を肌で感じた瞬間だった。

帰国する際に空港で偶然ライカールトに会った。アヤックス

---

11) フランク・ライカールト。1962年、オランダ出身。オランダ代表MF/DF、ACミランの中心選手。FCバルセロナを再建するなど監督としても手腕を発揮。
12) ジェラルド・ファネンブルグ。1964年、オランダ出身。オランダ代表MF/DF、アヤックスで活躍後、1993年から96年までジュビロ磐田でプレー。
13) ヴィム・キーフト。1962年、オランダ出身。オランダ代表FW、アヤックス時代、10代でリーグ50得点をマーク。

で1軍半だった選手が、たった一ヶ月の間にオランダ代表として旅立つところだった。

走ってばかりいたアヤックス留学から帰ったその年、ヤマハ発動機サッカー部は2部に落ちた。戦績は2勝6分10敗と惨憺たるものだった。

翌年、2部降格の屈辱を晴らすため、必死にリーグ戦を戦い、12勝5分1敗の成績で2部リーグを優勝し、1部に返り咲いた。

心の中では負けるもんかと思っていても、人を押しのけてポジションを捕るタイプではなかったので、入団から6年目のシーズンを迎えた28歳のころには1軍を外され、若手と一緒に練習メニューをこなす日々が続いていた。

チームの方針も若手中心のメンバーに切り替えることで一致していた。そんな1982年に短期(2ヶ月)コーチとして、ハンス・オフト[14]がやってきた。

オフトがきたことで、ヤマハ発動機のサッカーが劇的に変わった。トータルサッカーというものを初めて目の当たりにした。

オフトは、ここで仕掛ける、ここでボールを奪うといったメリハリのあるサッカーを徹底するとともに、プレーやパスの精度の高さを求めた。

選手時代にオフトのサッカーを体験できたことは、後の指導

---

14) マリウス・ヨハン・オフト。1947年、オランダ・ロッテルダム出身。1992年日本代表監督に就任、ドーハの悲劇時の指揮をとる。94年から96年までジュビロ磐田の監督。

に大いに役立つことになる。

思い出の天皇杯

　1982年の天皇杯の予選。突然、メンバーに名前が入り、試合に出ることになった。
　「引退試合として、使ってくれるのかな」
　そのころの社会人サッカーは、他の会社に移ってまでサッカーを続ける環境にはなかった。
　引退すれば、それまでお世話になった企業で引き続き働くのが当たり前である。もともと午前中は一般の社員と同じように仕事をしていたのだから、そのまま午後も仕事をすることになるだけだ。

　天皇杯の2回戦で愛知学院大学とPK戦になった。
　「蹴ったボールが、ネットから外に出てしまった。ネットのどこを見ても破れた形跡はない。風が強くネットが大きく波打っていたが、ゴールが認められたため愛知学院に勝った」
　いまだに本当に入ったのか分からないが、負けていれば天皇

杯は終わり、ここで引退となっていた。

　続く3回戦は富士通との一戦。左サイドバックの山本昌邦のセンタリングをゴール前で受けてシュートを決めた。それが決勝点になって2対1で勝った。

　天皇杯のなかで一番印象に残っているのは、準々決勝の三菱戦。この日はとても寒く、チーム最年長だったこともあり、前半が終わって一番始めにロッカーに入り、一番遅く後半のピッチに立ったことを覚えている。

　試合中、必ずフリーキックを蹴っていた長澤和明[15]が、この日に限って私に声をかけた。

　「マサくん、蹴ってよ」

　そこで蹴ったボールを沖野隆幸[16]が頭で合わせて決勝点をもぎ取った。

　そして準決勝でヴェルディ川崎に勝って、決勝はフジタ工業。90分では決着がつかず、延長の末1対0でフジタを破り、初優勝を飾った。

　この天皇杯で2得点1アシストとチームに貢献することができた。

　「ボールを持って攻撃に参加すると他のプレーヤーがカバーに入ってくれるので、ポジションは右バックだが安心して攻め

---

[15] 長澤和明。1958年、静岡県出身。日本代表MF。ジュビロ磐田初代監督。その後、鈴代清水FCレディース、本田技研工業サッカー部、ソニー仙台FC、常葉学園橘高校などの監督を歴任。
[16] 沖野隆幸。1959年、広島県出身。1982年、ヤマハ発動機サッカー部に入団。内山篤、柳下正明と同期。

込むことができた。天皇杯の優勝は現役時代の最も思い出に残った試合だった」

　試合から遠ざかっていた私をなぜ天皇杯で使ったのか？　後に聞いたところ、そのときのメンバーが監督に、
「右のサイドバックをマサくんにしてほしい」
と直談判したらしい。
　自分ではそろそろ選手としては厳しいと思っていたので、優勝メンバーに名を連ねることができて本当によかった。そのときのメンバーには今でも感謝している。

指導者としての旅立ち

　1982年のシーズンを最後に現役を引退。29歳と年齢的には若かったが、現役に未練はなかった。
「子どもが2人いたし、家族を養っていかなければならない。今のようにJリーグのチームを離れたらJ2がある、JFLがある、そんな時代ではなかった。あればやっていたかもしれない」
　選手時代、仲間からは"読みのマサ"と言われていた。それ

は石和高校、日体大、ヤマハと1対1や対人練習のなかで自然と身につけた"自分を知ること、味方を知ること、相手を知ること"という考え方が根底にあったからであろう。
　相手の特徴を知った上でどこを抑えればいいのか、また味方の特徴を知ってどこのカバーに入ればいいのかなどを常に考えていた結果である。

　引退後は現役時代から備品を発注する業務に就いていたので、購買部で引き続き働こうと思っていた。
　仕事をしながらサッカーを続けたいのなら、ヤマハ発動機のOBでつくったチームがあるので、そこでやればよいと考えていた。
　そこへ杉山さんがきて、
　「マサ、指導者になる気はないか」
　大好きなサッカーに携わっていける。それだけで幸せだった。二つ返事でコーチを引き受けた。
　杉山さんのアドバイスを受け、翌1984年にヤマハ発動機サッカー部のコーチに就任し、指導する側へと回ることになった。

　これも後から聞いた話だが、臨時コーチにきていたハンス・

オフトが、
　「マサは指導者に向いているから、コーチをやらせたらいい」
　そう首脳陣にアドバイスをしていたそうだ。
　初めての指導はトップチームのなかの、これからのヤマハを担う若手の教育だった。
　今思えば方法論中心の指導だったような気がする。大した勉強もしていなかったし、指導などと呼ぶにはおこがましいお粗末なものだった。
　たとえば1対1の練習では、自分でディフェンスをやりながら、相手がこうきたらこうブロックする。フェイントをかけてきたら、こう対処する、と自分自身の経験から実戦を交えてものを言うだけ。これではすぐに限界が見えてしまった。
　「トップチームに上げるためには、どうすれば若手が伸びるか。上の試合に出すこと。それが最優先課題だった」
　若手とはいえ、選手を指導するにはこれではレベルが低すぎる。一念発起して、指導者として身につけなければならないと考えられるさまざまな勉強をはじめた。
　指導書や技術書を読み漁り、理論武装をするとともに日本サッカー協会の認定する指導者資格を取得した。
　「コーチの勉強がしたかったので、公認コーチの資格認定講習会に参加した」

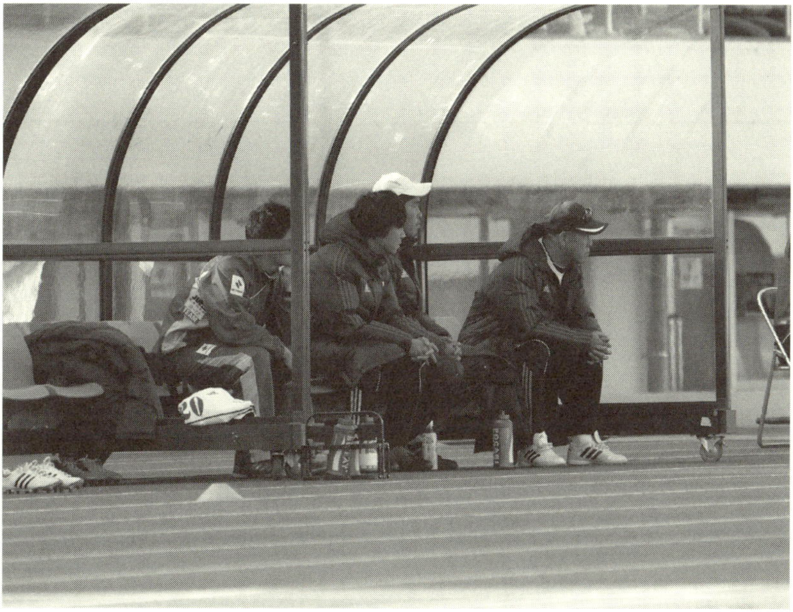

協会の行っている指導は基本中の基本、しかし自分がやってきたのは実戦での指導。
「このギャップを埋めるのに苦労した」
　自分のやり方で２対１をしていると、協会からきた指導者に止められて、
「鈴木くん、そうじゃない。角度の狭い一番距離の近い場所に帰りなさい」
「いや、相手の能力を分析し、わざとオフェンスの弱い方にボールを出させて、その距離感でボールを奪いにいく方が、実際にボールを奪える」
　また、ゴールと相手を結ぶライン上にディフェンスは入ると指導される。これが守備の基本中の基本。
　しかし、この基本だけではボールは奪えない。相手の前に立ちふさがってブロックはできても、ボールを奪うことはできない。
　今のサッカーはいかにして相手のボールを奪うのか、そう言われている時代に、基本は確かに大切で必要なことだが、それをゲームにどう生かすか、そこを教えることができていない。
　基本と実戦とのギャップに悩んだ。

　小学校の高学年の子どもたちに、１対１のマークの仕方を基

本通りに教えることに何の違和感もない。しかし、中学生くらいになればグループ戦術が必要になる。こうなったときにどう対応するかがポイントになる。

　ディフェンスの2人が教科書通りにゴールと相手を結んだライン上にポジションをとり、1対1の局面を続けていたら、チャレンジもカバーもできない。

　とにかく実戦で生かせる指導を模索して、いろいろな指導者と話をした。

グレミオから受けた衝撃

　日本で開いた大会にフランス代表チームがきたり、イタリア代表のアンダー20がきたときなど、数多くの国際試合を観た。なかでもインパクトがあったのは、グレミオ[17]がヴェルディ川崎と対戦した試合、これは凄かった。

　ブラジルのクラブチームで、こんなに組織力をもって守備をするチームがあったのかと驚かされた。組織＋コンパクトなサッカーのなかで、個人、グループの判断力が非常にすぐれていた。

17）グレミオ・フチボウ・ポルト・アレグレンシ。1903年創立。ブラジルのポルト・アレグレを本拠地とする名門クラブ。コパ・ド・ブラジル4回、トヨタカップ1回の優勝を誇る。

守備を例にとると、ドイツ代表は11対11のゲームのなかでも、局面をみると1対1になっているため、1対1に勝てば世界が取れるというサッカーをしていたのが、イタリアで開かれたワールドカップのとき。

　しかし、局面は1対1だが少し視野を広げると3対2の場面も、4対3の場面もある。これを1対1にしか観られない選手と3対2で観られる選手では、絶対に3対2の局面を観られる方がいい。3対2よりも、もっと広い視野をもっていれば、6対6の局面を把握できるかもしれない。

　視野が広いということは、それだけ判断材料が増えるということ。1対1しか観えない選手は、相手しか観ていないので、目の前の相手と勝負するしかない。

　サッカーというスポーツは11人対11人で対戦するが、局面を観るといつも同じ人数で相対しているわけではない。必ず不利な状況がでてくる。2対1の状態のときに1人だけマークしても簡単に抜かれてしまう。

　グレミオはチーム全員が、数的不利（2対1や3対1など）の状況を数的同位（1対1や2対2）の状況にもっていく能力があった。

　サッカーでは数を優位にすることが理想である。とくに日本の場合は身体能力が海外の選手に比べて低いので、なおのこと

数の優位さが必要になってくる。

　同数、とくに1対1の場面で突破され、シュートまでいかれてはディフェンスにならない。そのためにもボールサイドを2対1にする状況をつくる。ボールが動く状況のなかで、ボール保持者の状態を観ながらマークを捨てて、2対1でボールを奪うのが理想のディフェンスである。

　しかし、これは簡単ではない。2人でボールを奪うには個々の判断能力が求められるし、それぞれの判断を共有しなければならない。お互いの考えが瞬時に分かりあえなければならない。それが2人から3人、4人、5人と繋がっていかないと、組織とか連動とかのプレーはでてこない。

　最終的には数の優位性からも2対1でボールを奪うより、1対1でボールを奪える選手が一人でも多くチームにいることで失点をより少なくすることができる。

　ドイツも1対1の個人の技術に頼ったサッカーから変りつつある。攻撃もドリブル中心ではなく、パスを使い味方を使いながら仕掛けている。

　今、日体大でやっているサッカーや2001年にジュビロで行ったサッカーが世界の情勢にマッチしている、と改めて実感している。しかも、日本人のサッカーには最適であるという確

信が持てた。

　世界のサッカーを分析するには、ヨーロッパ、南米、アフリカ、アジア、中東のサッカーを観るときに、日本人がプレーするためにはどうしたらよいかを考える。自分の指導する対象に応じて、大学生、高校生、中学生、それぞれの年代を指導する場合には何をすればいいかを常に考え、分析できる能力を身につけることが、指導者として大変重要なポイントになる。

　一番、印象的だったのはイタリアのサッカー。グループ戦術、組織＋コンパクトなサッカーを展開していた。個人のテクニックに頼ったブラジルサッカー全盛の時代、イタリアは引いた守備から一気にカウンターを仕掛けるカテナチオ[18]という組織で守って結果を出した。

　では、このイタリアの堅い守備を破るにはどうすればいいのか。個人のテクニックだけでは通用しないことはブラジルが証明した。そこでパスサッカーが登場した。パスを繋いで、繋いで、マークをずらして突破していく。

　では、このパスと個人のドリブルをうまく組み合わせて、攻撃してくるチームに対してどう対応すればいいか。

　そこで考え出されたのが組織＋コンパクトという戦術。個人であれば自分で仕掛ければいい。しかしコンパクトとなると人

[18) カテナチオ。イタリア語で、「閂」。カギをかけるという意味もある。1960年代のイタリアサッカーの堅い守備の総称。

との関係が出てくる。パスを出すにもアイコンタクトをしてパスのコースを共有する。そこには考える時間が必要になってくる。その時間を与えないために、コンパクトにしてボールにプレッシャーをかけるのが組織＋コンパクトと言われるサッカーだ。このように世界のサッカーには流れがある。

その後フランスはワールドカップでどういうサッカーをしたかというと、あまり面白くないサッカーを展開した。背の高い選手をフォワードとバックスにおいてロングキック。コンパクトな陣形を少しワイドにして、これまでのようなドリブルとパスを多用したサッカーに戻してしまった。

2002年の日韓共催のワールドカップのときは、各国の特徴がよく表れていた。

アルゼンチンは90分、縦に速いサッカーの繰り返し。ブラジルはパスをまわしながら、チャンスと観ると一気にスピードを上げてゴールに襲いかかる。

世界のサッカーに目を向けるようになったのは、1994年にジュビロ磐田のサテライトチームの監督を引き受けたころからだ。チームの方針が世界と戦えるチームづくりであり、2001年に監督に就任した年は、世界クラブ選手権で世界のトップチームと現実に戦うことが決まっていたからである。

さて時代は少し戻るが、1990年には日本サッカー協会が主催する『監督研修』に参加し、イタリアで開催されたワールドカップを視察してきた。

　翌1991年、JSL（日本サッカーリーグ）からJFL（日本フットボールリーグ）へと名称が変更されたこの年、ヤマハ発動機サッカー部監督に長澤和明を迎えた。シーズンを3位で終えたヤマハは、翌年の1992年のリーグで5シーズン振りの優勝を果たした。

Jリーグの開幕

　1993年、日本サッカーは新時代に突入した。Jリーグ（日本プロサッカーリーグ）の開幕である。

　ヤマハ発動機サッカー部もJリーグ入りを目指し準備に追われていた。1992年の終わりにJリーグの準会員に加盟し、プロ化を宣言。1993年の開幕には間に合わなかったが、この年、JFL（Jリーグ発足に伴い、Jリーグの下部組織として、JSLが発展的解消した組織。ジャパン・フットボール・リーグ）1部で2位となりJリーグに昇格。名称も『ジュビロ磐田』に改名し、

翌1994年にJリーグのピッチに立つことになった。

9年間のコーチ経験を胸に、Jリーグへの昇格とともにジュビロ磐田のサテライト（2軍に相当するチーム）の監督に就任した。

このころのサテライトリーグは、ホーム＆アウェーの総当たり戦を行っていた。そのときの選手が、清水範久、奥大介、田中誠、鈴木秀人など。

監督2年目の1995年、サテライトリーグで優勝。翌年の戦いに思いを馳せていたとき、突然、解雇を言い渡された。

翌年の構想を説明するために、選手の意識調査やゲームの詳細などのデータをフィジカルコーチに提出させ、日常の評価までクラブ側に説明していたときだった。

「データの説明は結構です。来年は契約しません」

クラブ側の突然の解雇通告には正直、驚いた。前年の優勝監督が来季のチーム構想を説明している最中に突然、解雇である。

「ということは、私は指導者失格ということですか」

「そうです」

サッカーの"サ"の字も知らない取締役に、選手として7年、指導者として11年の実績を一切考慮しないどころか、指導者失格の烙印を押されたのだ。

席上には強化の責任者もいたが、口を開くことはなかった。
「このデータの何が不満ですか。どこが間違っているのか教えてほしい」
　その問いには何の回答もなかった。
「もう、決まったことですから」
　何も応えてくれないクラブ側に怒りを抑えることができなかったが、感情をぐっと堪えて黙ってその場を出て行った。
　家に帰り、女房に、
「今、クラブを解雇された。これからどうする？」
　そんな話をしているときに、強化責任者から電話がかかってきた。
「マサ、さっきは悪かった。そんな話じゃなかったんだ。監督はひとまず他の人にやってもらって、マサには若手の指導者をまとめてほしいんだ」
「ちょっと待って下さい。なんでさっき言ってくれなかったんですか」
「本当にすまない。あの場では何も言うなって…」
　現役を退いてから11年、若手の指導には実績を残してきた自負もある。きちんと筋道さえ通してもらえば監督をやめることも、若手の指導者育成もやぶさかではない。それを突然の解雇通告が胸に突き刺さったままで、すぐに返事ができなかった。

若手の指導者を指導する

 ヤマハ発動機のサッカースクールは、私が入団したころすでに行われていた。そこの指導者はずっとヤマハのサッカースクールで指導しているので、他のスクールの実情を知らない。
 引き受けるにあたり、現状把握を行うためにミーティングに参加した。
 そこでの話に驚いた。
「いやー、あの炎天下、子どもたちはよくがんばったよね」
「全員、最後までよくやってましたからね」
「ちょっと待て。お前たちは1週間、子どもたちにどんな目的を持たせ、何を身につけさせようとしたんだ」
 そこには何ができて、何ができなかったという分析や反省が何もなかった。
 それどころか、
「マサさん、子どものこと何も分かってませんよ。子どもにそんな分析は必要ないんですよ」
 これではいけないと思い、仕掛けたのがC級ライセンス（12歳以下の選手の指導法等を学ぶ、コーチ養成講習会）の再受講だった。C級ライセンスは皆、取得している。しかし、講習会

を受けることで他の指導者と交流し、現在の指導法を身につけ、自分たちの状況を再確認させようと思ったのだ。

そこでサッカー協会に依頼した。

「C級ライセンスの講習会に、うちのコーチを参加させたい。すでにライセンスは持っているが、ちょっと指導に行き詰まっていて刺激が欲しい」

まず最初にスクールリーダーを講習会に派遣した。思惑は当たった。

「マサさんの言いたいことがやっと分かりました。今の指導では子どもたちに伝えられない部分が多すぎます」

「じゃあ、どうする？」

そこから見直しが始まり、子どもたちのスクール改革が行われた。

育成を担当していると、今度はクラブから、

「スカウトがいないから、マサさんお願いします」

お願いしますと言われても、育成ならこれまでの経験やさまざまな実戦からどうすればよいかが観えていた。しかし、スカウトの経験などあるはずもなく、右も左も分からない。

「育成や監督経験から選手を観る目は確かだろう。それを生かしてほしい」

それから3年間、スカウトとして全国各地を観て歩いた。
　スカウトということもあり、この3年間は選手個人を観ることに専念した。1995年からはジュビロにドゥンガ[19]がいた。世界一のキャプテンを観ない手はない。ドゥンガはサッカーの厳しさを教えてくれた。

ジュビロ磐田の監督に

　2000年のある日、千葉県の総合グラウンドで高校生の試合を観ていると、クラブから電話がかかってきた。
「マサ、今どこにいる？」
「千葉で高校生の試合を観ています」
「すぐ、クラブに戻ってこい」
　戻って社長室に入るなり、開口一番、
「ジュビロ磐田のトップの監督をやってくれ」
「社長ちょっと待って下さい。そんなことになったら他のクラブから笑われますよ」
　サテライトの監督経験はあるものの、その後、育成、スカウトとトップチームの指導経験のない者に、シーズン途中からい

---

19) ドゥンガ。カルロス・カエタノ・ブレドルン・ヴェーリー。1963年、ブラジル出身。ブラジル代表MF。"闘将"、"鬼軍曹"と呼ばれる熱血漢。ワールドカップ3回出場、1994年W杯優勝。

きなり監督を任せるとは前代未聞の出来事である。

「監督なんてあり得ない。なんでコーチを昇格させないんですか」

「人間的にも鈴木くんが適任だという結論に達した」

そう社長は言ったが、聞くところによると当日、コーチだった柳下正明[20]に監督就任の打診をしたが、断られたというのが真相のようだ。

ここでも即答は避け、

「3、4日、考えさせてもらえますか」

その間に柳下を口説き監督にしようと画策したが、頑固者の柳下は一度やらないと決めたからには決して首を縦に振ることはなかった。

自分はトップチームよりも育成の方が向いていると思っていたし、指導者としても育てることに生き甲斐を感じていた。

何かの本に"性格は変わらないが、行動は変えられる"という言葉があった。この言葉が妙に心に残っており、自分自身を変えるのにもよいタイミングかも知れない。トップチームの行動を変えてみるか。

普通、Jリーグの監督など、やりたいと言ってできるものではない。それをお願いされているのだ。

監督を引き受ける前にヘッドコーチに就任し、監督のハジェ

---

20)柳下正明。1960年、静岡県出身。日本代表DF。1983年のヤマハ発動機サッカー部の天皇杯優勝に貢献。2003年、2007年〜2011年にジュビロ磐田の監督。

ヴスキー[21]と選手間の調整をするとともに、各選手の分析を行いたいと申し入れ、6月からチームに帯同した。

ヘッドコーチ時に選手と監督との間に入り、徹底的に問題点を探った。すると、すでに監督と選手の間には、埋めることのできない溝ができていた。

選手はもっと実践的な練習をしたがっていた。日本人には体験型の対人練習が必要である。そこでコンディションをつくってゲームに臨んでいる。

しかし、ハジェヴスキーは対人練習をしなかった。ゲーム前に怪我をすることを恐れたためだ。対人練習をやらないのは、ブラジル人監督に多く見られる特徴である。

マンツーマンなのかマンマークなのか、といった具体的な戦術の話を何度もした。ヘッドコーチになってからというものハジェヴスキーとはことあるごとに話をしてきた。またヘッドコーチになったことで、選手の不満がすべて回ってくるようになった。

選手と監督との板挟みになりながらも、ピッチで監督と言い合うようなことはしなかった。

もう限界だと感じたある日のトレーニング後、通訳をつれてハジェヴスキーの部屋を訪れた。

「日本人にはこれまでやってきた対人練習が身体に染み付い

---

21) ハジェヴスキー・ギョキッツァ。1955年、マケドニア共和国出身。ユーゴスラビアリーグでMFとして活躍。マケドニア代表監督を経て2000年にジュビロ磐田の監督。

ている。それをやらないで試合に出るということは、コンディションが上がらず、不安で仕方ないんだ」
　このことはヘッドコーチとしてゲーム分析をしていて感じたことだ。
「試合に対するコンディション不足、明らかに相手との駆け引きで負けている。対人練習不足のなにものでもない」
　ハジェヴスキーに、こう告げると、
「マサの言っていることは正しいかもしれない。しかし、マサの言った通りにやって失敗したら、一番悔いが残るのは私だ。マケドニアの代表監督を任されたときも、このスタイルで成果を出してきた」
　こう言われて、
「そうだよな。結局、最終的な責任は監督にあるからな」
　その日以来、ハジェヴスキーに意見することはなくなった。しかし、相変わらず選手の不満は尽きない。ゲーム前にも不安を口にする。
　その度に、
「大丈夫、お前の思う通りにやってごらん」
　監督も同じ考えであることを選手に伝え、心配しないで思いっきりやるようにアドバイスした。
「ハジェヴスキーの言っていることだって、ニュアンスは違

うかもしれないが、結果は同じだ」
　選手はやることをやって、試合で結果を出せばそれで収まる。しかし、コーチたちの不満が爆発し、ハジェヴスキー体制を維持できなくなった。

　ハジェヴスキーの解任を受け、監督に就任したのが9月。Jリーグも残り5試合となっていた。
　このとき残り試合は監督として采配を振ることになるが、来シーズンは新監督を招聘するだろうと思っていた。
「だったら、今いる選手たちのコンディションを戻し、一番活躍できるようにすればいい。今は観たところ持っている力の70%程度のパフォーマンスしか出せていない。それを100%にするには、それに値する練習をしなくてはならない」
　来期の新監督には、選手に対して正しい評価をしてほしかった。そのためトレーニングの目的を、彼らのパフォーマンスをいかにして100%に戻すかに絞った。
　だから敢えてハジェヴスキーと同じシステム、ほぼ同じメンバーで戦った。変えたのは練習内容だけだった。
「名波が帰ってきたのも大きかった」
　そして残り5試合を4勝1敗で乗り切った。1敗は清水エスパルス戦のVゴール負け。

清水に負けはしたがすべてのプレーに納得できた。それは選手が100％に戻ったという確信があったからだ。
「これで、私の仕事は終わった」
　そう思った。
　しかし、クラブ側の対応は違っていた。
「マサ、よくやってくれた。でもエスパルスに勝っていたら、セカンドステージ優勝だったぞ」
　残念ながら長期的に選手やチームを展望できる人材がジュビロにはいなかった。いやジュビロだけではなく、Jのクラブにも少なかったように思う。
　皆が目先のゲームに勝利することしか考えていない。選手のレベルアップ（グループやチームのレベルアップ）を考えて活動しているクラブは少なかった。
　クラブとは伝統を繋いでいくもので、監督が変わるたびに作り上げていくものではない。
　ジュビロならジュビロのサッカーを伝承していくことが、クラブとしてのあるべき姿なのだ。ジュビロのサッカーを伝承していくなかで、監督を選び、いかにして勝つかを考える。そうすれば、どんな監督を選び、どんな選手を補強するかがおのずと観えてくる。
　このクラブを3年後、5年後、10年後、どういうクラブに

していくのか、そういったビジョンを考えられる人材をクラブとして持つことが大切だ。

　育成経験があり、監督経験があり、いろいろな経験をしてきた人がフロントにいて、つねに将来を見据えたチーム強化をしていくことがJのクラブに必要なことであり、欠けているところである。その役割を果たすのがGMであり、強化部長である。

クラブ世界一との戦い

　一仕事終えてオフを過ごしていると、社長から呼び出しの電話があった。
「鈴木くん、もう1年やってもらえないか」
　これまで幾度となく、このような場面に立たされてきたが、今回ばかりは本当に悩んだ。
　女房に相談したら、
「やりなさいよ」
と一言。
　返事は聞くまでもなかったが、踏ん切りが欲しかった。

翌年の2001年には世界クラブ選手権への出場が決まっていた。対戦相手のなかには、あの世界一との呼び声高いレアル・マドリード[22]があった。
「世界一のチームと、どうやって戦えばいいのか」
　悩みに悩んだ末に到達したのが、N-BOX[23]というシステム。監督を引き受ける前に、さまざまなシミュレーションをした。構想ではファーストステージで優勝して、その勢いで8月の世界クラブ選手権に行こうと思っていた。そして、セカンドステージはレギュラークラスのベテランを休ませて、たとえ下位でもファーストステージで優勝していればチャンピオンシップは戦える。そこで勝てばよい。
　レアルには、ブラジル代表のロナウド[24]がいた。1対1で守りきれるとはとても思えない。レアルと戦うにあたりチーム、グループ、個人の分析を徹底して行い、ジュビロ磐田としてどのようなチーム戦術を考え、個人、グループ的にどのようにレベルアップするかを模索した。そして、そこではこういう練習をするというイメージが頭のなかにでき上がった。
　やると決まったからには、まずはキャンプ。本拠地である静岡県の磐田市で徹底的に走り込んだ。

---

22) レアル・マドリード・クルブ・フトボル。1902年創立。スペイン・マドリードに本拠地を置く、UEFAチャンピオンリーグ優勝9回、インターコンチネンタルカップ優勝2回などの名門クラブ。
23) N-BOX。名波のNと箱形の守備陣形を称して雑誌記者が命名。
24) ロナウド・ルイス・ナザリオ・ジ・リマ。1976年、ブラジル出身。ブラジル代表FW。W杯4回選出、3回出場、フランス大会MVP、日韓大会得点王。FCバルセロナ、インテル、レアル、ACミランなど、ビッククラブでプレー。バロンドール2回受賞。

「名波を軸にしたこのシステムは、判断がとても重要になる。判断の共有が勝敗を分ける」

そんな話をして、磐田キャンプの最終日に紅白戦を行った。紅白戦後に選手がきて、

「マサくん、このシステムはすごく難しい。オレたちには無理だよ」

その場は分かったと言って選手を帰した。しかし、レアルと戦うにはこのシステムしかないと考えていたので、次のキャンプ地である宮崎では、練習の半分以上を守備に当てていた。そうでもしないと連動した守備などできはしない。カバーリングすらできないだろう。

予測を持ってコンパクトなサッカーを目指す。そのためにはどうやって相手のボールを奪うかだ。

選手とのミーティング

翌日から宮崎キャンプという夜、部屋に7人の選手を集めた。中山雅史（ゴン）、名波浩（ナナミ）、藤田俊哉（トシヤ）、鈴木秀人（ヒデ）、田中誠（マコ）、服部年宏（ハットリ）、そし

て若手の佐伯直哉（サエキ）。

　そこで、なぜこのシステムが必要なのかを説いた。世界クラブ選手権に出場するからには個々の判断力をアップさせることと、グループ、チームとして能力アップをすることが絶対条件である。

　当時のジュビロはベテランが多かった。するとシステムを変えたくない。新しいものを取り入れたくない。安定していれば現状維持でよいと考える。しかし安定を求める者は必ず落ちていく。同じことをやっていてもダウンする。技術も体力も何もかも。

　そこで新しいことへの挑戦に躊躇する選手に、目に見える課題を提示した。選手とのミーティングも3時間になっていた。お互いの意見を言い尽くして、沈黙が訪れたそのとき、中山雅史が口を開いた。

「おい、ここまで言うんだから、マサくん信じてやってみようじゃないか」

　この一言で一気に選手たちのモチベーションが上がった。7人の顔にやる気が漲った。

　そして宮崎キャンプでは、当初の予定を遥かに上回る8割を守備に当てた。にもかかわらず選手たちは翌日からのメニューを見事にやり遂げてくれた。

キャンプの最後に3試合行った。最終戦のガンバ大阪は3対0で勝った。その2点目がまさにこの合宿で目指していたシステムからの得点だった。この得点を観たときに、この選手たちならやれると確信した。
　もともと守備は前線から中盤で相手のボール保持者にプレッシャーをかけることができる。最終ラインが3人でも守れると思った。
　シーズンを前に選手を集めて話をした。
　「開幕からパーフェクトにやろうなんて思わなくていい。判断力のアップと判断の共有ができれば、ゲームを重ねるごとにお前たちの意識の高さなら必ずできるようになる」
　シーズンが始まると誰一人としてシステムに異論を唱える者はいなかった。

　2001年のシーズン後に選手たちの話を聞くと、
　「選手全員が不安との戦いだった。一人でも判断力を欠くことで、ボールを奪うどころか失点をする可能性があるからね」
　それを聞いたときは、結果が出せて本当によかったと思った。
　N-BOXがシステムとして機能したと確信した試合がある。国立競技場での鹿島アントラーズ戦でのことだ。宿敵アントラーズに勝利したロッカールームで、

「今日の試合、楽しかったな」
「ああ、こんな試合がオレたちでもできるんだ」
「このシステムでやってきてよかった。やっと自信がついてきた」

　開幕から覚悟の上で、納得して試合に臨んでいるとばかり思っていたので、それを聞いて少し驚いたが、間違っていなかったと胸を撫で下ろしたことも事実。

　予定ではファーストステージを優勝して、世界クラブ選手権に出て、このシステムを試してみるはずだった。しかしファーストステージの前半を戦っているときに、世界クラブ選手権が中止になったとのニュースが飛び込んできた。

　世界と戦うために絶対必要なシステムと言い続けてきた、目標の大会がなくなった。しかしここで目標を失うわけにはいかない。

　選手にはマスコミから情報が入る前に、クラブとしてインフォメーションしなくてはならなかった。

「世界クラブ選手権はなくなったが、このシステムは我々の勝利に不可欠なものになる」

　世界クラブ選手権の中止は、選手に、そして私にも大きなダメージを与えた。

「正直、このシステムが世界でどのくらい通用するのか観て

みたかったし、ジュビロが世界で戦うためには何が通用して、何が不足しているのか分析することが重要だと考えていた」

結局、2001年は26勝1分3敗でシーズンを終えた。ファーストステージが1敗で1位。セカンドステージは2敗で2位になった。そして鹿島アントラーズとのチャンピオンシップを迎えることになった。

結果はホームの磐田で引き分け、アウェーの鹿島でも引き分けたが延長Vゴールで敗れた。

表彰式を悔しい思いで、選手とともに最後までしっかりと観た。この悔しさを胸に刻んで、来シーズンにかけるために。

「表彰式を観ながら、惜しかっただけじゃ駄目だ。何としてもこのチームをチャンピオンにしなくては」

鹿島のトニーニョ・セレーゾ[25]監督は、チャンピオンシップを何回も戦っている名将である。私は初めての戦い。その差は残念だが確実にあった。一発勝負のホームでの戦い方、アウェーでの戦い方、戦術に関しても反省すべき点はあった。

記者に敗因を聞かれ、こう答えた。

「負けたのは、すべて私の責任」

年間シーズンで3敗は断然トップ。しかしファースト、セカンド制のために、リーグ・チャンピオンになったのは鹿島アントラーズ。

---

25) アントニオ・カルロス・セレーゾ。1955年創ブラジル出身。元ブラジル代表MF。選手時にサンパウロFCでトヨタカップを2度獲得。2000年から2005年のシーズンまで鹿島アントラーズの監督を勤める。

2001年のシーズンが終わり、来季のスタッフ編成に入ったころ、新監督はどうするかという話になった。
　クラブとしてはいろいろと探したが、結局、条件のあう監督と契約に至らなかった。そこでもう1年やってくれないかということになった。
　「やり残したこともあったし、2001年の悔しい思いと1年間経験したこともあり、選手との信頼関係も少しは築けた」
　そう思って引き受けた。

　指導者として、いつも言っている言葉がある。
　「自分を知ること。味方を知ること。相手を知ること」
　自分は何ができて、何ができないのか。この点から自身を分析すると、トップチームの監督より育成の方が向いていると思っていた。これはトップチームの監督をする前から思っていたことである。
　それだけに2000年から2001年の経験は、指導者として大変貴重なものになった。自分でもできるという自信を得たことは大きな財産であった。
　2001年のシーズンが終わったころは、精神的に非常に疲れていた。選手とのやり取りがつねに真剣勝負。いい加減なことは言えない。

「分からないことは聞く。それがチームのためになるなら、どんなことでも納得するまで聞いた」

たとえば1994年のジュビロのセンターバックは田中誠と遠藤雄大だが、遠藤が理にかなわないプレーをすると、すかさず田中誠は遠藤のカバーに入る。すると、オフトが田中誠に注意した。そこでハンスに、マコの何がいけないのかを訊ねた。

「田中誠はいいんだ。問題は遠藤にある。しかし誠がカバーすることで、もっと悪い状況を生み出してしまう。遠藤のミスで点を取られたら、使った監督の責任。ミスがでるのを承知の上で使っている。それは遠藤を育てることでチームがよくなると確信しているからだ」

その話を聞いて、マコには、

「自分のプレーを普通にやっていれば大丈夫」

そう伝えた。

「そうしないと、もし遠藤が他の選手に代ったとき、マコのポジショニングやカバーリングがおかしなことになってしまう」

ここが悪い、しかし、そこが悪いことを理解しながらも、通常通りのプレーをしていく。悪いところでやられても仕方ない。

「マサ、これがチームづくりなんだ」

ハンスの一言は、数々のチームを率いてきた自信の現れだった。ハンスには、判断とプレーの精度を上げることの大切さを

教えられた。そしてプロ選手とは何かということも。

　ある選手がハンスにこんな質問をしたことがあった。

「監督、どうしたらぼくをゲームで使ってくれますか」

　それに対しハンスは、

「きみは今、ピッチで何ができるかを観せてくれますか」

　2002年の開幕に怪我で間に合わない選手がいた。真ん中の名波、服部、そして田中マコの3人。縦のラインはチームの心臓部である。

　サッカーは2001年の方が遥かによかった。2002年は勝つことに精一杯だった。2001年の悔しさもあったが、主力が怪我をしたことで、相手に合わせてメンバーを代えたり、システムを変えたりした。

　2001年はこのシステムでやれば絶対勝てると思っていた。相手がどこだろうと関係なかった。しかし2001年は、年間で3敗でもチャンピオンになれなかった。今年は何としてもチャンピオンにならなければならない。

　とくにセカンドステージは勝つことに執着した。しかし勝つことは勝つが、試合内容はよいとは言えない。

　そんななかでも、3試合を一人退場の状況下でVゴール勝ちが2試合と引き分けが1試合。この状態での勝ち点5は大

きかった。この勝ち点5が取れたのは、彼らの経験以外のなにものでもない。2001年の悔しさが最後まで勝利にこだわる姿勢を身につけていた。
「絶対に負けられないんだ。言うのは簡単だが、それがプレーに出て、全員が気持ちを一つにして最後の最後まで勝ちにこだわる。その姿勢が観えた」
　この気持ちがなければチャンピオンにはなれない。ましてや完全優勝はあり得ない。
　確かに勝っている。しかし何かしっくりこないものを感じていた。そこでセカンドステージも中盤にさしかかったころ、クラブハウスで名波を捕まえて聞いてみた。
「おい名波、何か感じてることないか。何かしっくりこないんだよな」
「マサくんのサッカー、変ったよ」
　名波に言われ2001年の試合をビデオで振り返ってみた。
「そうか、勝ちにこだわりすぎていたんだ。このチームの精度をもっと上げて、クリエイティブでアグレッシブな攻撃サッカーを思い出さなくては」
　その後のゲームでは、ほぼスタートメンバーを代えることなく、ジュビロのサッカーを継続した。
　2002年のシーズンで感動した試合がある。柏レイソルがマ

ンツーマンで隙間がないくらい身体を寄せてきた。それを左サイドで藤田、服部、名波、中山ゴンがからんで、左サイドを崩して上げたセンタリングを高原が決めた。

「やっぱりこいつら凄い。マンツーマンでディフェンスするなかで、ダイレクトで6本もパスを繋いでゴールした」

同じメンバーでやることのメリットは、お互いの考えが分かるので、パスのタイミング、動き出しのタイミングが共有できることだ。

判断するということのよい例

また、名波にはヴェルディとの一戦の後、こんなことを聞いたことがある。

「相手が2人いて、味方も2人。名波がドリブルで切り込んで、萬代のいる左側のスペースにパス。萬代が右脚で決めた場面があったけど、右側のスペースには成岡がいたよな。しかも、成岡の方がパスを出しやすかったろ。あのとき、どんな判断で萬代のいる左側にパスを出したんだ」

すると名波は、

萬代　　×　×　　成岡

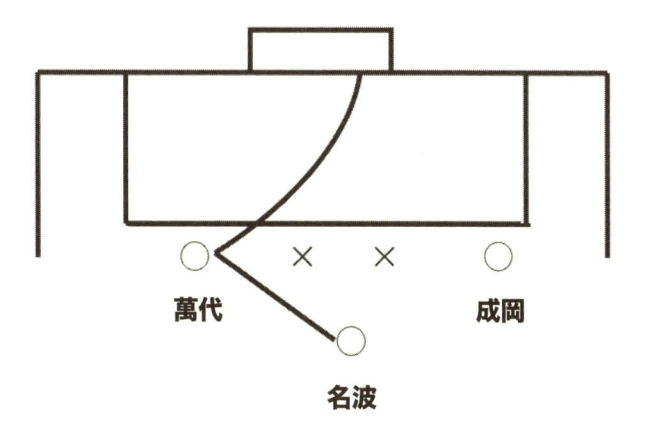

名波

「萬代は右利きでしょ。右には両足が使える成岡がいる。成岡についているヴェルディのディフェンスは足が速い。成岡はシュートブロックされると思った。それなら萬代の右足に賭けよう、そう思った」

　名波はそこまで相手の選手を分析していたのである。これが大切なこと。

　自分を知ること。味方を知ること。相手を知ること。これができれば一番いい判断でサッカーができる。名波はそこまで考えてプレーしている。無意識にパスなんか出せるものではない。

学習能力とは

　中山雅史がスポーツマンの運動神経を競う番組で、跳び箱に出たことがある。14段、15段をやっと3回目に飛び越えた。
「テレビを見ていて、あぁ、ここまでだな」
　そう思ったら、16段、17段と楽々成功してしまった。後でゴンに何で急に跳べるようになったのかと聞いてみたら、
「池谷の弟を捕まえてコツを聞いたんですよ。そうしたら踏切のときに後ろに跳ぶようなイメージを持てと言われ、練習し

たらできたんです」

　これが学習能力であり、身体能力である。理解して、練習すればできるようになる。何も考えないで練習しても何の効果もない。

　サッカーも同じで、説明し、理解させた上で、個人、グループ、チームに分け、的確な分析を行い、トレーニングの目的を明確にしてゲームを想定したトレーニング内容を考えれば、必ず成果が出るはずである。

　こうして2002年シーズンは昨年と同じ、26勝1分3敗、という好成績を挙げることができた。しかも昨年とは明らかに違う、完全優勝と言う形で幕を閉じた。

　サッカーそのものは2001年の方が確かによかった。しかし2002年に優勝できたのは、選手の成長と彼ら一人ひとりの人としての素晴らしさ。これに尽きる。

　この年は、鈴木、田中、名波、福西、藤田、高原、中山の7人がベストイレブンに選ばれた。

　2003年のシーズンはチームが若手に切り替える方針を打ち出した年である。昨年、完全優勝を果たしたとはいえ、ゴンは36歳、名波も31歳になっていた。

しかしジュビロには選手との契約や今後のクラブの行く末を考えられるような人材がいなかった。まずはフロントを改革しなければならない。内山も柳下も、長い間ジュビロでコーチをやり、監督の采配をすぐ側で観てきた。

　監督は、彼らに任せればよい。そして内山、柳下の後を名波や服部が引き継げばよいと考えていた。それがジュビロの伝統になっていく。そういうイメージを持っていた。

　2003年も監督のオファーはあった。しかし、敢えてフロント入りを決めた。

「将来のビジョンを作りたかった。ジュビロのサッカーの方向付けがしたかった。そのためには強化に回る方がいい」

　望んでフロント入りしたものの、問題、課題が毎日のように噴出してきた。

「選手とクラブとの調整、トップチームや育成選手がよりよい環境でトレーニングできるようにクラブ側と話し合った」

　私の信念は、"選手はクラブの財産"である、そしてもう一つが"Players First"ということ。そのために何をすればよいかを考える。過去の反省を分析し、将来に繋げていく。間違った分析では、間違った方向性しか得られない。

　2003年は柳下監督のもと天皇杯は優勝したものの、Jリーグはファーストステージが横浜Fマリノスに勝ち点1及ばず

2位。セカンドステージは優勝の行方が最終戦にまで持ち込まれた。引き分けでもジュビロの優勝というところまできていながら、後半のロスタイムに決勝点を奪われ2位。またも悔し涙にくれることになった。

フロント入りしたことで社長と話す機会も増えた。

「2000年、2001年、2002年、2003年とどこもやってない、どこのチームもマネできないサッカーをジュビロはやった。これを伝えていくことがジュビロの伝統をつくるということ」

今でこそ、"連動"や"繋ぐ"サッカーは当たり前だが、個人、グループ、チームとして仕掛けてボールを奪う守備ができるのは、当時はジュビロだけだった。

2004年のシーズンに向け、話をするためクラブハウスに柳下監督を呼んだ。

「マサさん、来期、監督つづけられない」

あまりに突然のことで、必死に慰留に努めたが、そこは頑固者の柳下のこと、一度言い出したら後には引かない。選手からも柳下監督でやりたいので、マサくん、何とかしてくれと言われた。

ジュビロの将来を考えてフロント入りしたからには、今、自分が監督を引き受ける訳にはいかない。

社長はブラジル人監督を招聘することを提案した。

「社長、待ってくれ。これまでジュビロは仕掛けてボールを奪い、得点を奪う。繋ぐサッカー、連動するサッカーを実戦してきた。それをまた1からやり直すのか」

それに対し、社長は理解を示してくれた。

「じゃあ、誰にする」

クラブ側が次に提案したのが、桑原隆[26]だった。

「確かにクワさんは人間的にも素晴らしい人だ。チャンピオンシップも取っている。しかしジュビロのサッカーにあうかどうかが問題だ」

結局2004年のシーズンは、桑原隆を迎えてスタートを切ることになった。

ファーストステージを勝ち点2差の2位で終えたものの、終盤の試合は明らかにチーム力が落ち、負けも増えてきた。

そのままの状態でセカンドステージを迎え、初戦は引き分けたものの、2、3、4試合と連敗した。

国立競技場での試合には社長と取締役を乗せ、私が運転して行くのが通例だった。

連敗した試合の帰り、いつものように社長と取締役を乗せ、帰ろうとすると、社長が、

「マサさん、もう一人乗せてもらえるか」

乗り込んできたのは、桑原監督だった。

---

26) 桑原隆。1948年、静岡県出身。1996年ジュビロ磐田教科育成アドバイザー、コーチ、監督代行、強化育成部長を経て、1999年に監督に就任。その後、スーパーバイザーなどを歴任し、2004年に再度、監督に就任した。

足柄のパーキングで休憩をとっていると、社長と桑原監督の姿がない。しばらくすると何事もなかったように車に乗り込んできた。

　桑原監督をクラブの寮に降ろした後、クラブハウスに着くと、社長から、

「残り（9月〜10月の2ヶ月間）の試合をマサさんにお願いしたい。監督をやってはくれないか」

　寝耳に水とはこのことだ。しかし社長は真剣で、とても冗談を言っている雰囲気ではない。

「わかりました。2ヶ月間だけなら引き受けましょう」

　クラブとして正式に桑原監督を解任し、暫定措置として残り試合を私に任せる判断をした。

　引き受けはした。引き受けなければ、監督なしで戦うことになる。セカンドステージの残りは2ヶ月で8試合。4試合を終えて勝ち点1は最下位。4日後にはアントラーズ戦が待っていた。2ヶ月後の11月には新監督として山本昌邦を迎えることになっていた。

　その日から練習をすべて自分がやっていたものに戻した。そして迎えたアントラーズ戦。前半、本来のサッカーを思い出したのか3対0で折り返した。しかし後半、体力的な問題もあり、選手たちは注意力が散漫になり、動きに精彩を欠いた。なかに

は脚をつるのも出てきた。結局、後半に4点取られ1点取るのが精一杯。引き分けに終わった。

　今まで90分、この戦い方で勝つというサッカーをしてこなかった。だから体力が続くわけがない。

　試合後、トニーニョがよってきて握手しながら一言。

「やっぱり、マサのサッカーは素晴らしい」

　若手に切り替わったジュビロを勝たせるのは難しかった。任されたセカンドステージ8試合で、3勝4分1敗の勝ち点13を上げたが、13位でシーズンを終えた。この年を最後にステージ制は廃止となり、来シーズンからは1年を通してゲームを行う1シーズン制が採用されることなった。

　2005年のシーズンは山本監督でのスタートとなった。しかしシーズン年間6位と結果を残すことができなかった。

　翌年も山本体制でいくとクラブ側は決断し、2006年シーズンが始まった。しかしワールドカップの中断時まで、成績は11位と低迷した。ナビスコカップの準々決勝で敗れると、契約を1年以上残して山本監督が辞意を表明した。

「この後が大変だった。アジウソン[27]を呼ぶことになったが、旅行でスペインにいると言う。そこでスペインまで行って、いろいろな話をした」

　話のなかで練習方法に一つだけ納得できないことがあった

---

27) アジウソン・ディアス・バティスタ。1968年、ブラジル出身。ブラジル代表DF。グレミオなどブラジル国内のクラブの監督を歴任後、2006年にジュビロ磐田の監督に就任。帰国後は、コリンチャンス、サントスFC、サンパウロなど、名門クラブの監督を務めた。

が、クラブ側はアジウソンでいくことを決定した。

　蓋を開けてみると、心配した通りキャンプではハジェヴスキーと同じように身体接触を避ける、怪我をしないようなブラジル式の練習を行った。

「マサくん、もっとちゃんとした練習ができるようにアジウソンに言ってよ」

　何人もの選手が押しかけてくる。

「アドゥー、これじゃコンディションが上がらないよ。日本の選手はもっとコンタクトプレーを取り入れなきゃダメだ」

「いやマサ、大丈夫。オレはこれでやってきた。大丈夫」

　ハジェヴスキーとまったく同じ。

　アジウソンは暇さえあれば相手チームの研究をしていた。ビデオを何回もくり返し観て対策を考える。相手に合わせて戦略を考え、選手を配置する。それで結果を出してきた。

　トップレベルのブラジル人なら、それでいいかも知れない。しかし、そのレベルまでいっていない日本の選手にはブラジル式の練習では試合に生かすことができない。ジュビロはこの年、5位でシーズンを終えた。

　翌年、福西がFC東京、服部と名波が東京ベルディに移籍した。アジウソンは相変わらずブラジル式のサッカーを貫いてい

た。しかし、そのアジウソンもシーズン途中の9月、成績不振を理由に辞任した。このとき、サテライトの監督をしていた内山篤[28]が昇格、ヘッドコーチには柳下正明が就任した。なんとか立て直しをはかろうと最善を尽くすが、年間9位でシーズンを終えた。

　2008年のシーズンを前に大幅な補強を行った。駒野友一を広島から呼び寄せ、レンタル移籍の河村崇大と名波浩を復帰させた。

　しかし開幕以来、成績が上がらず下位を低迷した。社長始め、フロントが監督の交代を口にし始めた。

「社長、なかなか勝つところまでいきませんがチームはよくなっています。もう少し我慢してください。もうすぐ勝てるようになりますから」

　必死に訴えたが聞き入れてもらえなかった。

　8月に内山監督を解任し、9月からはハンス・オフトが監督に就任した。

「高い金払ってオフトを呼んで、苦しむだけ苦しんで16位。入替戦で何とか勝って残留したが、そのまま内山体制をつづけていたら入替戦はなかった」

　"たら"、"れば"は、勝負の世界にはない。しかし、確実にチームはよくなっていた。

28）内山篤。1959年、静岡県出身。日本代表MF。1982年ヤマハ発動機入社以来、サテライト監督、トップコーチ、スカウトなどを経て、2008年にトップチームの監督を解任されるまで、ジュビロ一筋。

シーズン後、いろいろな人に声をかけられた。

「マサさん、なんでオフトなの。十数年前のジュビロのサッカーに戻っちゃったじゃない」

「なんで内山にそのままやらせなかったの。せっかく、よくなってたのに」

入替戦の後オフトは辞任、この年を最後に名波が引退した。

ジュビロを去る決意

2009年のシーズンは柳下正明が指揮を執った。開幕戦を2対6と大敗し、11位でシーズンを終えた。ジュビロは来期、中山雅史と鈴木秀人と契約しないことを発表した。

これはジュビロだけでなく、Jのクラブすべてに言えることだが、決定権は社長にある。ある意味、当たり前かもしれない。しかし大部分のJの社長はサッカーを知らない。

それではサッカークラブは成長しない。クラブの責任者を決め全責任を与える。それで結果が出なかったら、解任するなり、降格するなり、社長が決めればよいこと。

上とぶつかり、回りからの反発を買い、選手からはありとあ

らゆる注文がでる。それでも自分の信じたクラブの将来像を実現するため、日々、難題に立ち向かっていた。

そんな時、社長との話し合いのなかで育成は必要かどうかと言う話が出た。

「トップチームが強ければ後はいらない。育成は必要ない」

と断言した。

「育成がいらないと言うことは、自分が必要とされていないというのと同じこと」

1977年にジュビロに入団して以来、2009年までの32年間の長きにわたりジュビロ一筋、誰よりもジュビロ愛に徹し、クラブのあり方を模索してきたと自負していた。

しかし必要とされていないところに居残ることほど、寂しいものはない。

初めて自分を必要としてくれる場所に移りたい、そう思った。56歳を目前にした2009年の暮れのことである。

サラリーマンの世界で言えば60歳で定年を向える。あと5年。

「自分の力が発揮できるところ、自分を必要としているところで仕事がしたい」

その思いが日に日に強くなっていった。

2009年が終わるのと同時に、32年のジュビロ人生にピリウドを打った。
「1月から8月までの間は小学校、中学校、高等学校、たまに大学にも足運んで実戦指導を行った」
そうこうしているうちにAC長野パルセイロの関係者から、
「鈴木さんの力で何とか長野パルセイロをJFLに昇格させてほしい」
と熱いラブコールをいただいた。
そして2010年9月、長野パルセイロとの契約を交わすことになった。契約期間は6ヶ月。このとき長野パルセイロは北信越フットボールリーグの1部に籍を置いていた。
この年パルセイロは北信越リーグを無敗で勝ち上がった。私は強化本部長として、全国社会人サッカー大会から指揮を執ることになった。過去4年間、JFL昇格に失敗しているチームである。
JFLに昇格するには全国社会人大会で2位までに入り、全国地域サッカーリーグ決勝大会の出場権を得る。そして全国地域大会で2位までに入ると自動的に昇格が決まる。
全国社会人大会では決勝でカマタマーレ讃岐に0対2で敗れ準優勝。全国地域サッカーリーグ決勝大会もカマタマーレ讃岐に次ぐ2位だったがJFLの昇格を決めた。

2003年、山梨県でスポーツに功績のあった人物に贈られる野口賞の授賞式に出席する機会があった。2002年のジュビロ完全優勝の功績を認めてもらったものだが、この賞に推薦してくれたのがヴァンフォーレ甲府の関係者だった。
　席上、受賞の挨拶の際に、こう述べた。
「これまでサッカーしかしてこなかった。サッカーで受けた恩はサッカーで返すしかない。できれば山梨県か母校の日体大に恩返しができればいいと思っている」
　約束通りAC長野パルセイロをJFLに昇格することができた。そのオフに奇しくも野口賞の挨拶で語ったことを知っていたかのように日体大からオファーがあった。

母校からのオファー

　2011年の4月、日本体育大学のサッカー部監督として母校に帰ってきた。
　母校の監督に就任するにあたり、一つ確認しておきたいことがあった。日体大サッカー部の高田前監督とは年は彼が1つ上だが同級生で、4年間ともにボールを蹴っていた仲間であり、

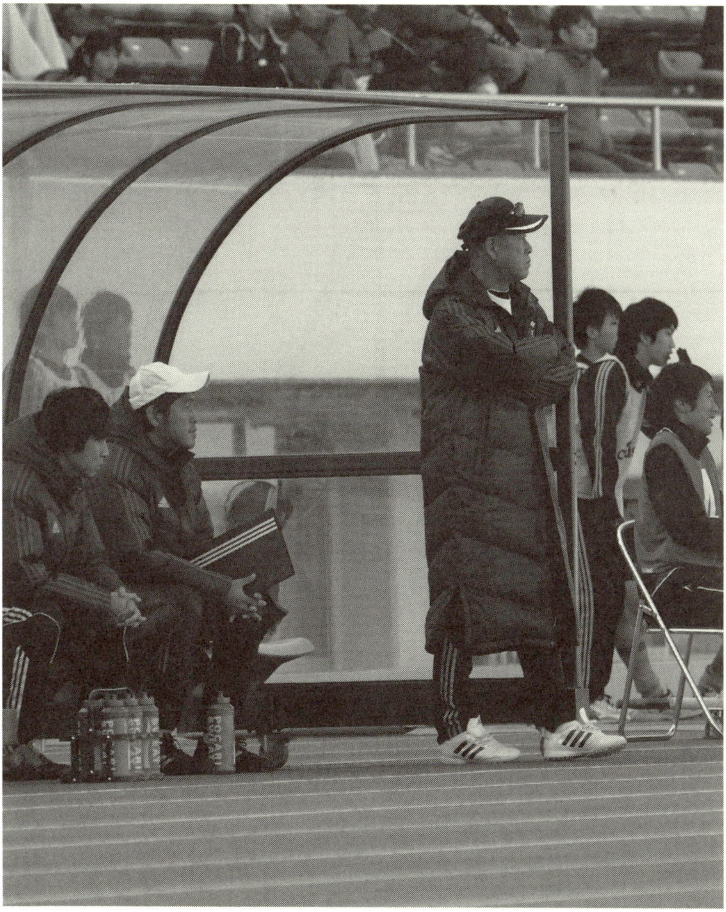

ともにヤマハに入団した友である。
　先日の同窓会でも、
「契約は3月で切れるが、まだやりたい」
そう言っていたのが頭に残っていた。
　そこでOB会長にも相談したが、会長が言うには、
「高田監督にはよくがんばってもらった。しかし3年と言う約束でお願いした。もう充分やってもらった。大学としては契約を延長しないと聞いている。そうでなければ鈴木くんを呼んだりしない」
　それを聞いて決心がついた。
　採用に当たり、世田谷校舎でOB会長と学校側の面接があり、その後、谷釜了正学長と話すことになった。
「私は4月1日から日体大にお世話になりますが、きていきなりこれまでのサッカーを変えるつもりはありません。それをやって困るのは選手です。必ず1部に上げてみせます。2年ください」
　正式採用（日本体育大学サッカー部部長兼男子サッカー部監督）が決まり、2011年の4月11日から健志台キャンパスでサッカーの授業とサッカー部を指導することになった。
　実際にサッカー部の部員を集めたのは翌日の12日。そこで、今後についての話をした。

この年は３月11日に、日本国中を悲しみのどん底に叩き落とした東日本大震災が起き、その１ヶ月後と言えば、まだ被災地の状況も把握できていない、混乱のなかでのスタートだった。
　何もかもが自粛や延期、授業さえも通常とは言えないなか、関東学生サッカーリーグも開幕が１ヶ月延びた。
「１ヶ月あれば、開幕までに何とかなるな」
　そう思って、これまでの日体大のサッカーを一気に変えた。まずはサッカーに対する考え方から。
「開幕で100％のチーム力になっている必要はない。しかし、ゲームを重ねていくうちに理想の形に近づいていかなければならない」
　このチームづくりの考えは、ジュビロのときと何も変らない。ここでも彼らに、
「意識と行動と経験が重要なんだ。意識して行動するからいい経験ができる」
　この話は何回もした。
「彼らの意識は高かった。乾いたスポンジに水が吸い込まれていくように、すべてを吸収しようという貪欲さがあった」
　初めてサッカーのなんたるかに触れたのだろう。

リーグの終盤、この試合に勝てば１部昇格が決まる、勝ち点３を取れば優勝、そんな試合に２試合続けて負けた。
「経験がない。この一言に尽きる。これまでとまったく違うサッカーをやっている。14年もの間、１部に上がるチャンスは１度もなかった。プレッシャーだ」
　こうなると手の打ちようがない。経験のないチームには経験を積ませるしかない。それができないのだから、あとは自信をつけさせてやるしかない。
「監督が悩んでる姿を見せてはいけない。ましてや相手は学生だ。こちらが考えていることなんかすぐに彼らに伝わってしまう」
　しかも、彼らにとってJリーグの監督経験者といったら、あこがれの選手たちを指揮していた人物。声もかけられない。
「学生から寄ってこられないなら、こちらから寄っていくしかない。敢えて気さくに選手に声をかけ、笑いが起こるような話をした」
　この辺のバランスが難しい。近すぎてもダメだし、遠慮して何も言えないのもダメである。
「なぜそうなるのか、目的は何なのかをしっかり、納得するまで話をすることが重要」
　今でこそ日体大チームも連動の意味が分かりつつあるが、き

たばかりのころは"連動、連動"と口にはするが、まったく状況判断ができていない。
「お前たち、連動、連動と言うけど、連動ってどいうこと？」
誰も答えられない。
　そこになくてはならないのが、チームとしての戦略（戦術）である。どのように攻撃し、どのようにボールを奪うかを理解し、局面での個々やグループでの判断の共有ができることではじめて連動した動きが実現できるのである。
　メンバーが変わってしまうとお互いの理解も変わってくる。約束事は決まっていても、動き出しのタイミングや持っている技術や体力などは一人一人が違うので、継続して固定したメンバーでゲームに臨むことが必要である。ただし長いリーグ戦を戦い抜くには11人だけではなく、22から23人という多くのメンバーが共有できなければならない。
　日体大で目指しているのは、クリエイティブでアグレッシブな攻撃サッカー。仕掛けてボールを奪い、仕掛けて得点する。これを個人でもグループでもチームでもできるサッカーを目指す。このサッカーを実現するために、個人では、グループでは、チームでは、どんな選手になるのかをしっかりと理解させなければならない。
　そうすることによって、日々のトレーニングに目的意識が生

まれ、目標が持てる。今の練習がどこに向かっていくのかというつながりを持たせなければ、練習のための練習で終ってしまう。何の目的もなく、メニューをこなしているだけでは、練習が上手くなるだけ。

それ故に監督は目的を明確にして、何のためにこの練習をするのかを説明できなければならない。一つ一つのトレーニングに意味を持たせ、意識を高くすることでトレーニング効果は確実に上がる。

日体大にきたばかりのことだが、アイコンタクトをした後に動き出すが、ヘッドダウンをしている間に相手が動き、局面が変わったことに気づいていない。そこでボールを観る位置、置く位置があるということや、ボールを観ながら相手を観る視野の使い方など、細かな指導をすることで本来のアイコンタクトを確認した。そうすることでプレーに幅が出るのである。

ミスが多いのには必ず理由がある。どうすればミスがなくなるのかを突き詰めていかなければ解決はできない。そこが指導者の一番大切なところだ。

「なに、ミスしているんだ」

と怒鳴った瞬間に、指導者はミスを選手の問題に置き換えて何も考えなくなる。

それでは選手は育たない。練習では意識しているのでミスは

減る。しかし、試合では無意識になるので、またミスが出る。そんな選手はいくらでもいる。無意識で動くゲームのなかでどのようなプレーができるのか、それを観ることが指導者には求められる。それでチームを勝たせることができれば指導者としては及第点だ。

　プロを目指しているのは日体大の場合、240人の部員のなかで3人くらい。それ以外の選手はどうするのか。指導者を目指す者もいれば、一般企業に就職する者もいる。いずれにしても、将来にわたってサッカーが楽しめることが大切。そのためには、サッカーを楽しむことができる環境をつくっていくことが重要である。

第2章

理念

I 各年代のサッカー指導

1. 幼稚園：チャイルド（5〜6歳）
観ることをベースに楽しさとボールに慣れること、観察力、身体を使うこと、コーディネーション能力を育てる。

2. 小学校低学年：1〜2年（7〜8歳）
観ることをベースにボールを止める、運ぶ、蹴る能力を育てる。

3. 小学校中学年：3〜4年（9〜10歳）
観ることをベースに自分の思う通りにボールを止める、運ぶ、蹴る能力を育てる。

4. 小学校高学年：5〜6年（11〜12歳）
観ることをベースにいろいろな状況において、目的をもってボールを止める、運ぶ、蹴る能力を育てる。また、個人、グループ的に判断をともなったプレーの精度（テクニック）をアップさせる。

5. 中学生：1〜3年（13〜15歳 U-15）
蹴ることをベースにグループ、個人的に判断力とプレーの精度（テクニック）をアップさせる。

6. 高校生：1〜3年（16〜18歳 U-18）
観ることをベースにチーム戦術を意識して、判断力、判断のスピード、判断の共有の中でプレーの精度の高い選手を育てる。

7. 大学生：1〜4年（19〜22歳）
チーム戦術やポジションでの役割を理解し、チームの勝利のためにプレーできる選手を育てる。

8. 社会人、Jリーグ1部、Jリーグ2部、JFL
オールマイティ＋スペシャリストな選手を育てる。

一般	・ U-23
大学生	・ 1年〜4年生　19歳〜22歳
高等学校	・ 1年〜3年生　16歳〜18歳　U-18
中学校	・ 1年〜3年生　13歳〜15歳　U-15
小学校	・ 低学年1・2年生　7歳〜8歳 ・ 中学年3・4年生　9歳〜10歳 ・ 高学年5・6年生　11歳〜12歳
幼稚園	・ チャイルド　5歳〜6歳

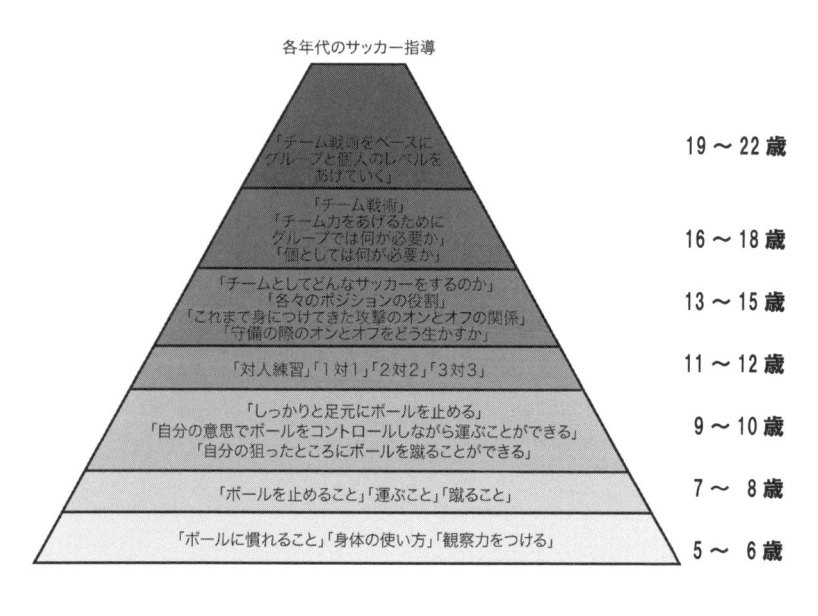

各年代のサッカー指導

「チーム戦術をベースにグループと個人のレベルをあげていく」	19〜22歳
「チーム戦術」「チーム力をあげるためにグループでは何か必要か」「個としては何が必要か」	16〜18歳
「チームとしてどんなサッカーをするのか」「各々のポジションの役割」「これまで身につけてきた攻撃のオンとオフの関係」「守備の際のオンとオフをどう生かすか」	13〜15歳
「対人練習」「1対1」「2対2」「3対3」	11〜12歳
「しっかりと足元にボールを止める」「自分の意思でボールをコントロールしながら運ぶことができる」「自分の狙ったところにボールを蹴ることができる」	9〜10歳
「ボールを止めること」「運ぶこと」「蹴ること」	7〜8歳
「ボールに慣れること」「身体の使い方」「観察力をつける」	5〜6歳

1. 幼稚園（チャイルド）5歳〜6歳

チャイルド期では、「ボールに慣れること」、「身体の使い方」、「観察力をつける」この3点を重視して指導を行う。ボールを捕ったり、足で止めたり、前転をしてボールを捕る、スローイングのように両手で投げるなど、ボールを使って楽しく遊ぶことが重要である。

この時期は遊びのなかで、「観ること」、「観察力を高めていくこと」が必要になってくる。落ちてきたボールを観て、落下地点を予測してキャッチする。

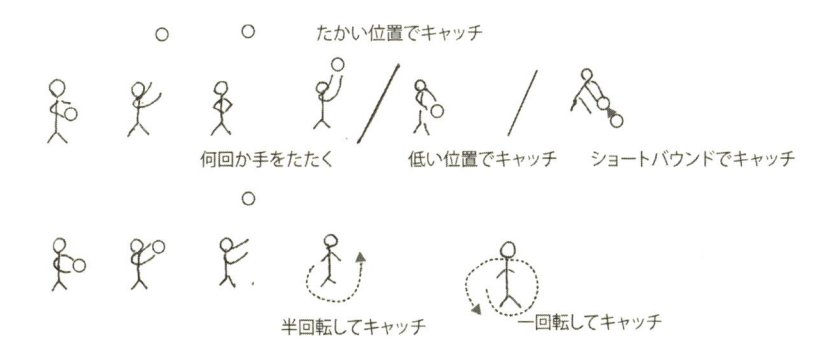

たかい位置でキャッチ

何回か手をたたく　　　低い位置でキャッチ　　ショートバウンドでキャッチ

半回転してキャッチ　　　一回転してキャッチ

ボールを止めるときや蹴るときには、ステップを踏んで軸足をボールの近くに持っていかなければならない。ステップを踏んでから正面でボールをキャッチすることで、ボディバランスの訓練になり、メニューを与える側がトレーニングを行っているうちに自然と基礎や観察力が身に付いていく状況をつくる。5〜6人のグループで輪になって、全員が一斉に真上にボールを投げる。投げると同時に全員が左回りにずれて、ボールをキャッチする。慣れてきたら、コーチが右回りか左回りかの指示を出す。

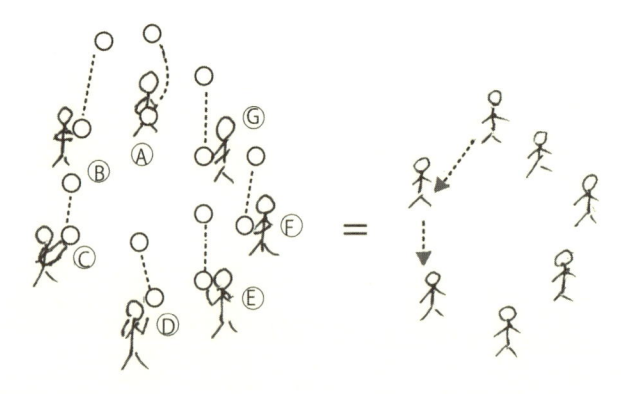

AはBのボールをキャッチ、BはCのボールをキャッチと、真上に投げたボールを左に移動してキャッチする。

このような遊びのなかから観察力や身体の使い方、ボールの判断などをトレーニングしていく。自分の思うように身体を動かすことができるようにする。この年代からすでに技術に差があるので、できる子には足でボールを止めることやバランスよくボールを運ぶことを教える。

2. 小学校低学年（1・2年生）7歳～8歳

　小学校低学年では、チャイルドよりも少し身体が成長するので、足を使ったトレーニングを増やす。「ボールを止めること」、「運ぶこと」、「蹴ること」そしてここでも重要なのが、「観ること」である。ボールに足で数多く触れることがこの年代では必要になる。自分の思うようにボールを止めたり、運べたり、ボールを蹴ることができるようにする。あくまでも楽しく、遊びのなかでこういったトレーニングができるように工夫する。少人数のゲームを入れて、競争心を刺激して、興味を高めていく。

　これらをできるようになった子には、少人数の対戦ゲームを体験させることが、中学年に向けて必要になる。多人数でではなく、1対1や多くても2対2程度で行う。

指導者は選手個々が何を観て、どのように判断し考えて決断してプレーしているかを分析する。判断材料を持たないと、子どもたちの変化を見逃し、褒めることもアドバイスすることも選手個々の状況分析を行うこともできなくなる。

　ここで重要なのは、相手を観る習慣を身に付けさせることである。観ることで、相手との駆け引きを自然と身体で覚えることが重要である。日本の場合、ドリブルやヘディング、リフティングなどの個人技術の練習が先行している場合があり、相手を観ないで、プレッシャーもかかっていないのにフェイントをかけたりしている子どもを観ることがある。フェイントの練習もボールしか観ていないから、フェイントをしながら相手にぶつかったりしている。この年代に求めたいのは、ボールばかり観ているのでなく、相手は少人数でよいので相手を観ることも指導してもらいたい。

　低学年期で何が大変かと言うと、いかに飽きさせずに、楽しくサッカーを続けさせていくかと言うことである。止める、運ぶ、蹴る、といった基本をたとえば週２回の練習であるとしても、毎回やっていれば子どもたちは飽きてしまう。基本を身に付けさせるという目的は同じなのだが、さまざまなトレーニングメニューをもっていれば、子どもたちにいろいろなアプローチができるだろう。このバリエーションを豊富に持ってい

ることもコーチとしての重要な資質である。
　子どもたちのレベルを的確に分析し、越えられるレベルのハードル（目的）を設定し、トレーニングを行うことで選手個々のトレーニングに対する姿勢、またはよいプレーに対し褒めることもできる。

3．小学校中学年（3・4年生）9歳～10歳

　小学校中学年では、「しっかりと足元にボールを止める」、「自分の意思でボールをコントロールしながら運ぶことができる」、「自分の狙ったところにボールを蹴ることができる」などの技術を教えていく段階に入る。また、「対人練習を入れていく」のもこの年代あたりからである。1対1などではなく、人を置いてパスの邪魔をする程度でよいので、相手との駆け引きを体験していく。相手がボールを捕りに足をだしてきたのをどうかわすか、それもバランスよくできることが大切である。そのためには、ドリブルでもボディバランスを保ちながらステップワークができるようにする。その場合、ドリブルはボールの近くに軸足をもってくる。これを無意識でできるようにするのが、

この年代の重要なポイントである。

そして、この年代の個人では局面が打開できない場合に、味方を使って攻撃ができるような方法を考えさせることができるとよいだろう。

そこで、相手だけでなく、味方を観ることを意識させる。自分自身がグラウンドのどこでプレーをしているか場所を考えさせる必要がある。守備のエリアでは、ノーリスクの状態でパスを出す。中盤でボールを保持したら、ボールを失わずに時間と前向きの状況をつくる。前線の味方のプレーヤーが相手との駆け引きができる時間をつくることなどである。

4．小学校高学年（5・6年生）11歳～12歳

小学校高学年では、練習のなかに「対人練習」を入れていく。「1対1」から始まって「2対2」、「3対3」など、グループでの練習に時間を多く取ることになる。とくに、グループ練習では攻撃の場合、パスを出すことが必要になってくる。ゲームも行うようになるが、できれば11対11ではなく、6対6や多くても8対8程度にして、ゲームのなかでできるだけボール

に触れる機会を増やすことを大切にしてほしい。そのなかで、相手との駆け引きやパスの出し方やもらい方など、実戦に対する感覚を養っていく。

　日本サッカー協会でもこの年代には8対8のゲームを推奨している。11対11の場合、小学生の試合は時間も短いので、上手な子どもはいくらでもボールに触れることができるが、なかには試合中、一度もボールにさわらない子どももでてきてしまう。たとえボールがきてもすぐに上手な子どもにパスを出してしまうので、その子の上達の機会はどんどん減っていってしまうことになる。少ない人数でゲームをすることで、多くの子どもたちがボールに触れる機会を増やしていくことがこの年代ではベストだと思っている。

　さらに、グループ戦術的な要素が加わり、攻撃の際のオン（ボール保持者）とオフ（ボールを持たない選手）のプレーヤーの関係や、守備もオンのプレーヤーに対するものとオフのプレーヤーに対するものの守り方、といった専門的な要素も徐々に体験するようになる。

　1対1での攻め方と守り方、守る場合はどこで守備をしているか、ゴールの近くなのか遠くなのかによっても守り方は違う。相手の状況によっても変ってくる。ボールを持っているプレーヤーがよい状況の場合は、奪いに行ってもかわされやすい。で

は、どうやってアプローチしてボールを奪うか。ドリブルをさせて、ボールを突いたときに少しでも大きいと思ったり、バランスを崩したりしたら、すぐに奪いにいく。このような練習を行い、積極的にトライさせていくことが重要である。

　小学校5、6年生では、オンのプレーヤーに対してしっかりした守備ができたと判断したら、今度はオフのプレーヤーはオンのプレーヤーのボールへのチェック状況を観て正しいポジショニングができるように指導する。

　相手攻撃者がフリーで、どこへでもパスを出せるとしたら、オフのマーキングポジションが近すぎると背後を取られてしまう危険がある。その場合、守備側として、ゴールの位置とポジショニング、相手マーカーが何を狙うのか予測することと、どこで守っているのかを知ることが重要になる。

　このようなことを体得しながら、自分で判断し、どうやってボールを奪うのかを考えられる選手、グループとしても状況判断の中で、自分としての考えに基づいてアクションをおこせる選手を育てることが大切だと考えている。

　小学校低学年ではコーチが練習に入って、子どもたちと一緒にプレーすることも重要になってくる。子どもによっては、コーチの動きを肌で感じて、まねをする場合もあるだろうし、フェイントをまねる子もいるだろう。そういった子は、早く覚える

し、一度身に付けたら絶対に忘れない。指導されて、教えられて身に付けたものとでは身に付けるまでの時間的な違いもあるように感じる。

　小学校時代は、週に2回程度の練習が一般的であろう。ここでは、例えば、月曜と木曜に練習があるとしたら、月曜は個を伸ばす練習、木曜は対人練習といったように、曜日を決めて練習を繰り返すことも大切なことである。同じことを根気よく繰り返し行うことで身に付いていく。そして、身に付いたならば、少し難しい課題を与えてみる。このハードルの設定がまた、コーチの善し悪しを左右するポイントになる。子どもたちが興味を示して、やってみようと思うくらいの目標設定ができるかどうかで効果が決まる。

　変化を与えながら、なかなか難しいと思ったら、ハードルを低くするとか、場合によっては元に戻すことも必要である。子どもたちをステップアップさせていくには、この繰り返しだと思う。これが指導者の分析力とテクニックである。一番行ってはいけないのは、身に付いていないにもかかわらず次のステップに進んでしまうことである。身に付いていないのだから、中学に行ってもまた小学生と同じ練習をすることになってしまう。

　小学生にも大会があり、結果を求められるのも事実である。

しかし、この時期はできるだけ多くの選手にゲームをするチャンスを与えてほしい。サッカーにはゲームでしか身に付かないものがたくさんある。練習では味わえないプレッシャーのなかでの相手との駆け引きや、ここでかわされたら失点するといった緊張感のなかでプレーすることが大切である。いろいろなタイプの選手がいるので、いろいろなチームと対戦することがその後のプレーに大いに役立つことになる。

　この時期の指導者によく見られるのが、上手な子にはあまりアドバイスをしないで、ミスした子やあまり上手ではない子を怒鳴っている場面である。"プレーヤーズ・ファースト"ということを、どのような年代の指導者も必ず頭に入れておいてほしい。上手い子は、何も言わなくても試合で結果を出しているから、それでよいではなく、もっと上手くなるためのアドバイスをする。上手ではない子には、怒るのではなくどうしたら上手くなるかを分析して、課題を与えてプレーの変化を見逃さず褒めてあげることが重要である。

　子どもはいつ上達するか分からない。たまたま、小学生時代に伸び悩んでいただけで、中学に入ったら突然、上達する子もたくさん観てきた。

5. 中学生（1年生～3年生）13歳～15歳　U-15

　中学生期になると、個人技やテクニックを伸ばすことも大切だが「チームをベースにしたサッカーの考え方を身に付ける時期」である。細かなフォーメーションやチーム戦術というよりは「チームとしてどんなサッカーをするのか」といった程度の認識を持ちながら「各々のポジションの役割」や「これまで身に付けてきた、攻撃のオンとオフの関係」、「守備の際のオンとオフをどう生かすか」を考えながらゲームにつなげていく。
　中学生期には大まかなチーム戦術を考えながら、そのなかで個人として、グループとしてプレーしていくには、どのような選手にならなくてはいけないのかを理解させていくことが必要だと考えている。

6. 高校生（1年生～3年生）16歳～18歳　U-18

　高校生期になると、世界的にはクラブチームで活躍する選手が出てもおかしくない年代なので、「チーム戦術」というものを理解してもらいたい。勝つための戦術のなかで、「チーム力

をあげるためにグループでは何が必要か」、「個としては何が必要か」を見極めて、足りないものを分析して、何をレベルアップさせるかを考えてトレーニングすることが重要である。

　ゲームで経験したことをインプットして、よりよい判断でスピーディに対応できる選手を育てることが必要なため、ユース年代にとって一番大切なのはゲームでの経験である。経験を重ねることで、同じような場面に出くわしたとき瞬時に判断できるようになる。経験のないものは判断ができない、できたとしても遅れることになる。

　サッカーの場合、どうしようと考えている時間にボールを奪われたり、距離を詰められたりと、状況が一気に不利になる。このようなことがないように、小学生、中学生で身に付けた個人戦術やグループ戦術、そして高校時代のチーム戦術をベースにより多くのゲームを経験してよりよい判断にてプレーの精度を高めておく必要がある。

　経験するとは多くの判断材料を持つことである。サッカーで大切なのは、ゲームでよい経験をつむことで、無意識に判断してプレーできる選手になることである。人間の身体とは頭のなかに情報がなければ、身体は動いてくれない。そこで迷うので判断が遅くなる。だから、いろいろなチームと対戦することで、いろいろな個性を持った選手と戦うことで、多くの判断材料が

蓄積される。経験を積んでいれば、瞬時に判断できるようになるので身体の反応も早くなる。

　世界を観ると16歳から18歳といえばプロとして活躍している選手がでてきている年代であるが、日本の場合、高校1年生でプロ選手というのは考え難い。日本では、部活に所属しようが、クラブチームに所属しようが、学校の授業が終った夕方の一定の時間しか練習ができない。世界に比べると圧倒的に経験値に差があるのはまぎれもない事実である。この状況を考えると、ほんの一握りのプレーヤーは高校を卒業してすぐにプロ契約できるかも知れないが、ほとんどの選手は大学の4年間でさらに経験を積んで、よりよい選手になってからプロにいくのが理想ではないだろうか。

　プロのサッカー選手はサッカーのプレーだけでなく、その基礎となる優れた人間性（人格）やライフスタイルの確立があってはじめて真のプロ選手と言える。

7．大学生（1年生～4年生）19歳～22歳

　大学のサッカーは、「チーム戦術をベースに勝利を目指すこ

と」チーム力を最大限に発揮できたなかで結果が出ない場合は再度「グループと個人のレベルをあげていく」必要がある。

　日体大のサッカー部部長に就任した2年前から、現状のチーム状況やグループ状況、個人の状況を分析した結果として、個人的に観ること、判断材料を持つこと、予測すること、考えること、決断することなどが非常に不足していたために基本的な部分での練習も数多く取り入れてきた。しかし、まだまだ単純なミスが多く、自分たちのミスから失点してしまう場面が数多く見られた。できるだけ、ミスをしないようにシュートまでもっていくのが理想である。

　ジュビロ磐田の指導を行っていたときもそうだが、90分間のゲームのうち80％のボール支配率を目標にしてきた。すると、18分間しか守備をしなくてよいことになる。点をとって勝つには、これが大切な目安になっている。

　サッカーは攻撃して、点を取って勝つスポーツである。守備とはゴールを守ることではない。攻撃して点を取るためにボールを奪うことだ。ここからサッカーに対する考えがスタートしている。

　しかし、最終的に最後の最後まで、粘りに粘って、しつこくボールを追いかけるところまで、残念ながら日体大のサッカーはできていない。

日体大が大学の1部リーグで優勝するには、ラストパスとフィニッシュの精度を高めていく必要性がある。そのためにはどのような練習を行っていけばよいか。目標が決まれば、自ずと練習内容が決まってくる。

　そうした練習にプラスして、最後まで絶対に諦めないという姿勢を持たせることが重要である。必ずカバーリングをする、一人ひとりの意識、粘り強さを身に付けていく必要がある。これができて初めて1部の優勝が見えてくる。選手一人ひとりが、このようなチームになるために、このようなプレーをするという意識を持ち、共通認識の上で練習に取り組んでいくことでチーム力は確実に上がっていく。

　ジュビロで指導していたときから、その日の目標と練習内容を書いた"マサくんボード"と呼ばれた、ホワイトボードを練習前にもっていき、どこがポイントかを選手一人ひとりに理解させてきた。これは、今も日体大で毎回、練習前に行っている。言葉だけで伝えても、選手が聴いていなければ意味がない。また、聴いていたとしても、聴き逃している場合もある。

　理解していなければ、期待していた練習効果はあがらない。書き示すことで視覚に訴え、図示することで大脳を刺激し、細かな説明を加えることで選手一人ひとりに理解させる。このことが練習効果を上げるために非常に大切になる。与えられた

練習メニューをこなすのと、自らが理解し自ら取り組むのとでは、どちらが身に付くか結果は明らかである。

日体大の目標は、判断をベースにしたプレーの精度を上げること。そのためにはボールを運ぶことと、突破することのそれぞれのレベルを上げていくことである。

最終的には、個人でもグループでもチームでも仕掛けてボールを奪って攻撃に転じ、個人でもグループでもチームでも仕掛けて点が取れるようにする。そうすると、サッカーが本当に楽しくなる。われわれが選手のときは、ゴール後に喜んだりしたら「何ヘラヘラしているんだ」と怒鳴られた。しかし、今はそんな時代ではない。点を取ったら喜べばよい。サッカーをプレーしている者が楽しまなければ、観ている者が楽しいはずかない。

8．日本のサッカー

今のＪリーグを観ていると、観客がサッカーを楽しんでいるのか、という疑問を感じるときが多い。それは、本当の意味でプレーをしている選手自身がサッカーを楽しんでいないのではないかと感じるからである。

世界のサッカーを観ても、日本のように組織だったチーム力を持って戦っている国は少ない。世界には、メッシやロナウドなどの卓越した選手が一人いるだけで観客を呼べる。ドリブル、フェイント、シュート、何をとっても、それだけで観る者を引きつける。それだけで感動を与えることができる。

　日本のサッカーは何を目指すのか。海外でプレーする選手は増えたが、まだまだフィジカルではヨーロッパの選手にかなわない。韓国や中国の選手にも当たり負けする。だからといって、フィジカルを強くしようといってもすぐに結果が出るものでもない。個人で点が取れなければグループで、そしてチームで点が取れるサッカーのレベルをあげていくしかない。守備には組織＋コンパクト＋バランスがとれたサッカーが必要になってくる。

　日本のサッカーに適した選手を育てなければならないし、選手もそこで、活躍できるプレーを身に付ける必要がある。

II 一貫指導

1. 観ることとは
判断をともなったプレーを無意識に行える選手。

2. 指導者の姿勢とは
指導者は選手が判断をベースにプレーをしているかどうかを分析すること。

3. サポートとは
タイミング、アングル、ディスタンスとは。

4. プロの条件
オールマイティ＋スペシャリストとは。

5. 判断の共有
ボール保持者とボールを持っていない選手と判断を共有することで的確なプレーとなる。

6. チーム作り
チーム作りに関しての考え方とひとつの方法としての説明。

7. 日本の一貫指導の現状
ゲームでの勝利が重要になっており、子どもたちが自分の判断でプレーすることができていない。

8. 楽しむための判断
自分が観て考えたプレーがうまくいくことで、楽しくなる。もう一人との関係でお互いが理解し合い、思い通りにプレーすることでもっと楽しくなる。

1．観ることを教える

　日本の一貫指導に足りないものは、"観る"ことを教えていないことである。判断の指導が欠けている。判断することを子どもたちは教えられていない。素晴らしい技術や体力、スピードを持っていても観方を間違って判断が悪ければミスになってしまう。

　昨年、日体大にきたときに、こういう場面があった。ボールをフリーで持っている。フォワードに2人いてサイドにスペースがある。しかし3人ともボールしか観ていないので、同じところに走り込んでくる。これでは相手が1人いれば守れてしまう。

　どうすればよいかは、アングル（角度）の確保を行い視野の確保をすることだ。具体的には「人が動くことでボールを動かす。そうすることで相手選手を動かして、空いたスペースをタイミングよく使う」といった方法である。

　しかし、ボールしか観ていないので、あるいはまわりを観ていたとしても、ボールと自分との関係しか観えていないので、動きが重なる。オフのプレーヤーは、多くのパスコースをつくる動きが必要である。たとえば3つあるパスコースのなかで、点を取るために一番よいと思うところに、オンのプレーヤーは

パスを出すことが大切となる。このようなことは小学生レベルで教えていかなければならない。バルセロナやアヤックスのジュニア選手は、このようなことを当たり前に行うことができる。

　相手が２人、３人になると小学校の低学年には難しい。しかし相手が１人ならば、ボールを持ったプレーヤーが相手を観ながら、自分のボールを保持して駆け引きをすることはできる。
　リフティングの練習にしても、ボールが脚や頭から離れた瞬間に、相手を観る習慣をつけることが大切である。今の子どもたちは、リフティングを続けることに一生懸命で、ボールに集中していてまわりがまったく観えていない。
　では、どうすればよいか。リフティングの最中に相手を入れることで、相手を観なければいけない状況をつくる。そうすることで相手をかわしてリフティングをし、最低でも動いた相手を観なければならなくなる。はじめのうちは相手を観てしまうことでリフティングがおろそかになるかもしれないが、これも練習を続けることで必ず上達する。

2．指導者の姿勢

　指導者がよく「声を出せ」と、大きな声で叫んでいる光景を目にする。

　ヘルプの声を出せとか、元気がないなどと言っているが、なぜ、選手の声がでないのかを考える必要がある。それは、選手が戦術を理解していないからである。戦術が理解できずにアドバイスはできない。

　相手のボールを奪うための守備で、どのようにしてボールを奪うかの戦術を理解して、共有し、互いに判断して、プレーすることで初めてボールを奪うことができる。攻撃面では互いにアイコンタクトで判断を共有して、得点できることが理想である。

　戦術を理解していない選手に声を出せと言うと、何と言うか。「がんばりましょう」。

　このようなな声なら出さない方がよい。がんばるのは当たり前で、ゲームに出ていて、がんばっていない選手などいるはずがない。

3．サポートのキーワード

　日本サッカー協会からも提示されているが、サポートの考え方には、タイミング、アングル、ディスタンスの3つのキーワードとそれを取り巻くいくつかのポイントがある。
1．タイミングとは、いつ、どこでボールを受けるのかを考えることである。
2．アングルとは、サポートする上で視野の確保とスペースをつくることである。
3．ディスタンスとは、距離のことで、状況に応じた距離間でプレーを行うことである。

　どんなに素晴らしいテクニックを持っていても、どんなに足が速くても、どんなにフィジカルが強くても、どこで自分の長所を発揮するのか、そのタイミングや状況が分かっていなければミスに繋がってしまう。日本のサッカーには、この判断という部分が不足していると感じる。

　ドリブルにも大きく分けて3つのポイントがある。
1、突破のためのドリブル
2、パスコースをつくるためのドリブル
3、キープのためのドリブル

　突破のためのドリブルとは、フェイントで相手をかわして突

破することである。これはスピードの変化で突破することが大切で、ゆっくりしたドリブルから人を使って突破するのも一つの方法であり、どちらを選択するのかの判断が必要になる。

　苦しい状況のなか相手がきたが、サポートしてくれる味方はいない。しかし、ここでボールをキープしなくてはいけない、ボールを相手にわたしてはいけない場面で、どういうキープの仕方があるのか。それを瞬時に判断できる選手を育てていかなければならない。そのためにもジュニアのころからサポートの経験をさせて、体得していくことが重要になってくる。

4．プロの条件

　では、プロのサッカー選手は、どのような判断を行っているのだろうか。私の考えるプロの条件とは、オールマイティ＋スペシャリストである。

　スピードがある、ヘディングが強い、シュートが上手い、視野が広い、パスセンスがある。何でもよいから人より優れた特徴があればプロでやっていける。それがスペシャリストである。オールマイティがあって、その上に特徴的なスペシャリティを

（オフ）　　　　　　　　　　　（オン）
動き出しのタイミング　　　　　パスのタイミング
オフサイドにならないようにする

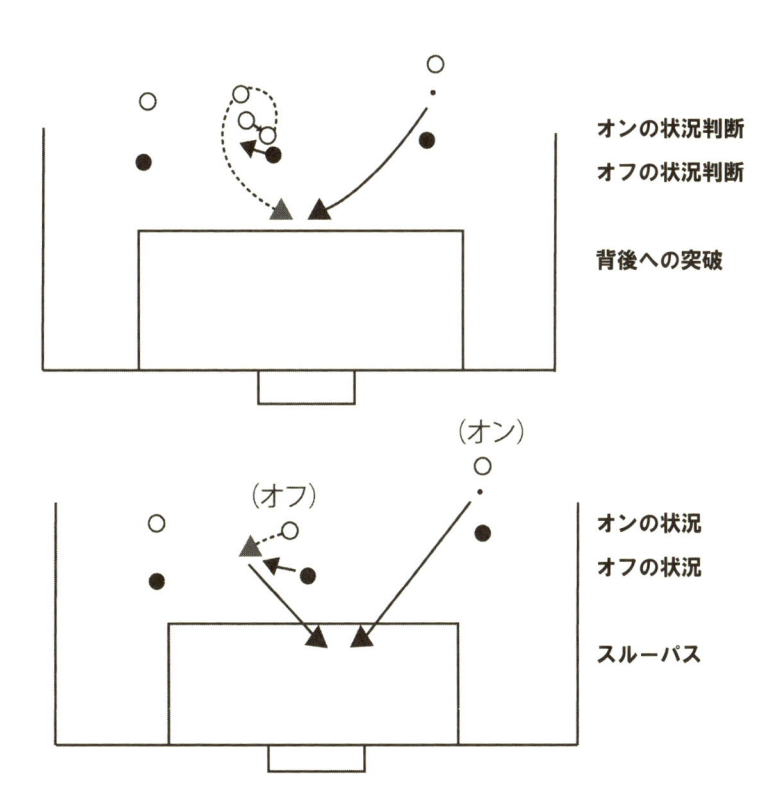

オンの状況判断

オフの状況判断

背後への突破

（オン）

（オフ）

オンの状況

オフの状況

スルーパス

117

持っていることがプロへの条件になる。

「観る、聴く、感じる」の感覚を駆使して、多くの判断材料のなかで、目的にあった一番よい方法を考え、予測を持って決断してプレーに移す。さらに、「自分を知り、味方を知り、相手を知る」ことができてオールマイティな選手と言える。これに「ゲーム経験を積むことで判断のスピードアップ」と「スペシャリティ（専門性）」が加われば、プロ選手ということになる。

自分を知ることで、自分は何ができて、何ができないのか。相手選手を知ることで、より的確な判断のもとにサッカーができる。

具体的に言うと、技術、戦術、体力の重なりあう部分が大きければ、大きいほどパフォーマンスに優れている。しかし、この三要素を取り囲む、判断が的確にできないとミスにつながる。いくらテクニックがあっても、いくらスピードを兼ね備えていても状況判断を間違えると、ボールを奪われてしまうだろうし、戦術にしても、一人が間違った判断をすることで、簡単に突破されてしまうことは容易に察しがつく。体力にしても、走るタイミングが悪いとオフサイドになってしまうかもしれないし、走り込む場所が悪ければよいパスは受け取れない。これらを踏まえて、さらにモチベーションが重要な要素になってきている。

全国を回ってサッカーの指導を行っていたときにも、日体大

にきたときにも、判断ができていないことが強烈な印象として残っている。なぜ、判断ができないのかを考えてみると、答えは簡単で、ジュニアから"観る"という習慣が身に付いていないからである。技術、戦術、さらには勝利至上主義に目がいくことで、大切な時期に的確な指導がないがしろにされているのではないだろうか。

5．プレー（判断）の共有化

　サッカーは一人ではできない。パスをするにもサポートをするにも味方がいる。パスやサポートの相手となる味方の選手と、プレーに対する考えが共有されないとパスは成立しない。相手の背後にパスを出そうとしているのに、味方の選手が近づいてきては、その瞬間にミスが起きる。

　瞬時にお互いが同じことを考える、最良な方法をお互いが瞬間に判断することなど不可能だ。では、どのようにして状況を共有すればよいのだろうか。答えは、場面、場面でのプレーに約束事を設けておくことである。その約束を共有していれば、みなが同じ判断で動くことができる。

たとえば先程の場面は、ボール保持にディフェンスが近づいてきたら、"ディフェンスの背後にボールを出す"という約束をしておく。すると、サポート選手は味方からディフェンスの背後にボールがくるのだから、背後のスペースに走り込んでいけばパスがつながることになる。

　これが状況の共有であり、これができれば２人の関係が３人、４人と増えていき、チーム全体の意識の共有へと繋がっていく。そうすることで連動したプレー、連動した動きにつながっていく。実戦で、実際にパスを出し、タイミングを計り、間合いを確認することでお互いの精度が上がり、理想の連動した動きに近づいていく。

　これは2002年のセカンドステージで、ジュビロの選手から学んだことである。一時期、私自身がゲームの結果にこだわり、相手によってメンバーを代えたことがあった。しかし、意思の疎通が上手くいかず、プレーの共有ができない。そこで、メンバーを元に戻し、使い続けていくうちにコンビネーションがよくなっていった。

　こちらが動くことによって、相手がどうついてくるかは、ボール保持者の状況を観ながら、ボールを出せるタイミングのときに周りの味方選手が、いかに素早く寄っていくかで決まる。素早く寄ることで、相手は遅れてディフェンスに入らなくてはな

①同サイドトッパ

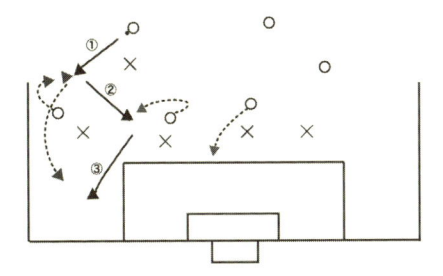

②中央トッパ

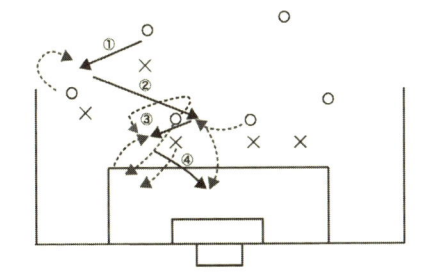

③サイドチェンジからのトッパ

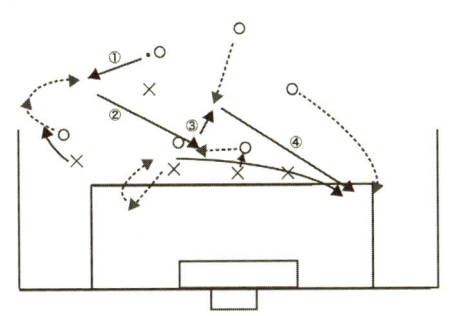

らないのでパスコースができる。ここでボール保持者に味方選手が寄っていかなければ、ダイレクトで縦にパスを出すことはできない。オフ（ボールを持たない）の状態のときに、どれだけ動きながらパスコースがつくれるか、そういった選手になっていかなければならない。

　オン（ボールを持った）のプレーヤーは、できるだけ前を向いてプレーすることが大切である。前を向いてボールを保持する時間をつくることが重要になってくる。要するに、相手ゴールに向かった状態でフリーの時間をつくること。そうすることで、周りのフォワードや味方のプレーヤーが相手との駆け引きの時間がつくれる。

　オンのプレーヤーが前を向いているときに、オフのプレーヤーは、いくつかのパスコースをつくらなくてはならない。ここで大切なのは、パスをもらうだけではなく、常にその次のプレーを考えていることである。オンのプレーヤーに対して、相手との関係しか観えていなければ、寄っただけで終わってしまい、ボールを受けても相手から離れることしかできない。そのときに、ボールの状況を観ながら身体の向きを味方のフォワードが観えるようにしておけば、ディフェンスが離れた瞬間にパスコースをつくることができる。そうすることでパスという選択肢ができる。こういうことができる選手はレギュラーになれ

る。

　ボールを持っていないときは、何を観ていなければならないか、それは味方のボール保持者の状況である。ボールを持ったときは相手の状況やマークの状況、自分に対してのマークの状況、もう一つ大事なのはもう一人の味方へのマークの状況である。これを観ていればアイディアは生まれてくる。観ていなければ、選択肢がないので目の前の相手に対するしか方法はなくなる。

　観ることは判断することにつながる。では、何を観ればよいのだろうか。大切なのはボールを持っていない状態のときに、どこまで見渡すことができるのかということである。よい選手の条件の一つに、全体を見渡した状態でゲームを捉えることができるというのがある。ゲーム全体を視界に捉えることができれば、今どこで何が行われているのか、どこにスペースがあり、どこから攻めればゴールにより近づくことができるのか、一瞬で判断できることになる。

　よい選手といわれるプレーヤーは、1人より2人の動向、2人より3人、3人より4人、可能ならば11人、いや自分を含めた22人の動きを視野に収めることができる、そんな選手のことであろう。しかし、22人の動きを把握するということは現実的ではない。一人でも多くの選手の動きを観て、判断でき

るようにトレーニングすることで、一流のプレーヤーに近づいていくはずである。

6．チームをつくるにあたり、一つの考え方を説明したい

　まず、ピッチ全体を11人でカバーすることを考える。はじめに中心選手を配置する、中盤ではA選手、最終ラインにはB選手、フォワードではC選手と、ポイントになる選手を配置する。その後に選手の特徴を考慮して、ボランチにはD選手、D選手は横の動きが得意で守備が主だとする。すると、右のバックスには攻撃が得意なE選手を組み合わせる。左の中盤には、スピードがあるF選手。フォワードにはゴール前にG選手を起用する。基本的な考え方は、11人がピッチを埋め尽くすようにするのが一番よい。

　しかし、ただ選手の特徴を考慮してピッチ上に配置するだけではチームは機能しない。大切なのはゲームプラン、チーム戦術を指導者が持っているかどうか、自分のサッカーを持っているかどうかである。サッカーは指導者によってそれぞれみな考え方が違う。名古屋グランパスは名古屋グランパスの、浦和レッ

	守備SB			攻撃的MF スピード	
GK	CB	ボランチ 守	ボランチ 攻	FW 運動量多い テクニシャン	
	CB 守備			MF テクニック パスセンス	FW スピード トッパ
			SB 攻撃的		

選手一人ひとりの特徴を的確に分析し、11人がピッチ内のスペースを与えないチームづくりが大切である。

ズは浦和レッズの、サンフレッチェ広島はサンフレッチェ広島の、といった具合に、それぞれの監督がそれぞれのサッカーを展開している。

7. 日本の一貫指導の現状

　日本の現状を観ると、どの年代でもゲーム優先、結果優先で、とても選手を育成しているとは言いがたい。たとえばアンダー9のゲーム中、彼らの視野には対する相手、多くてももう1人の相手しか観えていない。

　しかし、ベンチからは大声で、「サイドチェンジ！」と指示がとぶ。すると、子どもは言われた通りに蹴る。それが、たまたまつながり、ゴールに結びついた。

　「ナイス、ゴール！」。子どもは、サイドのスペースを観ることもなく、相手との駆け引きもないままに、ベンチからの声を忠実に守る。そこに子どもの判断など入り込む余地はない。

　この子が上の年代のクラスにいったときに、観ることも、判断することもできないような指導をしてはいけない。ではどうすればよいるか。アンダー9の段階では、自分の観える範囲で、

自分で判断して、一番よいと思うプレーができれば充分である。

　単純に観ることだけでも、指導者は選手を分析する上で、いくつかの観る目を持たなくてはならない。

① 　観ていない
② 　観ているが考えていない
③ 　観て考えているがベストではない
④ 　観て考えベストなプレーをする

　一貫指導の難しさは常に感じている。たとえばアンダー18であればゲームが中心になる。ゲームでの役割を明確にして、ゲームでの経験を積むことで、どういう選手になるのか、どいうプレーをするのかを自分で判断して、その特徴を生かさなければならない。

　そのためにはアンダー15までに、グループ戦術的な判断が身に付いていなければならない。テクニックはもちろん、どう動くのか、戦術はといった判断ができるように、自分で観て、考えて判断できるように指導しなければならない。

　アンダー12の段階（小学校6年生）のときに、すでに個人とグループでは、"観る"ことは絶対に身に付けておかなければならない。

　アンダー9、小学校4年生では個人でできること。フリーの状態でボールをしっかりと止める、しっかり蹴るといったこ

とができること。また、人を入れたとしても1人でよいので、相手がどこからきたのか、どこにボールをコントロールするかを判断してプレーできるようにする。

　これらのことを各年代でしっかりできるように指導しなければならない。

8．楽しむための判断

　楽しむためにも判断が必要になってくる。オールマイティの部分をしっかりと身に付けておけば、年齢を重ね身体の動きが鈍くなってもサッカーを楽しむことはできる。

　日本のサッカー文化を支える人たちと、プロを目指す人たちが、ともにサッカーというスポーツを通して、感動を与え、与えられるようにするためには、サッカーを本当の意味で楽しまなければ伝わらない。とくに、観せる側のサッカー選手が楽しくなくては、観ている側には伝わらない。

　ジュビロを率いていたときも、選手にいつも「楽しんでいるか」と言っていた。確かにプロなので、勝つことを目指すのは当然だが、プロだから故にサポーターに感動を与えるような

サッカーをすることが求められる。それがなければ、応援する意味がない。しかし、楽しいという意味をはき違えてほしくない。個人で相手をかわしてゴールを決める、それも楽しい。それよりもチームのために個々人がグループとして判断を共有し、連動してボールを奪い、ゴールを奪うことがより楽しいはずである。そのために個々の選手を分析して、足りないものがあれば年代に関係なく身に付けさせていかなければならない。

　小学生で身に付けておくべき、観るという技術が身に付いていなければ、高校でも、大学でも身に付けさせなければならない。数的不利な状況で、どのように対処すればよいかなど、実戦のなかで経験しなければならないことは、考えてできるようにしなければならない。数的に不利な状況を同数に持っていく方法や、状況を考え予測を持って決断し、プレーできるような環境をつくっていかなければならない。

　オフシーズンの試合のないときに、再度、個人やグープの技術、能力を底上げしておかないとチームは強くならない。

III 指導方法

1. トータル・サッカー
自分自身が指導する上で、現在のサッカーのベースとなっている。

2. 自分を知ること、味方を知ること、相手を知ること
判断とは、観る・聴く・感じることで、多くの判断材料をもち、目的にあった一番よい方法を考え、予測をもって決断し、プレーすることで、よりよい判断を行うことである。

3. 方法論の指導とは
指導とはまず的確な分析のもとに、的確なトレーニング内容とトレーニング方法を提供することが重要である。

4. グループ戦術
特に、高校・大学生以下のカテゴリーでは、チーム戦術をベースにグループ、個人に落とし込んで考える必要がある。

5. 数的優位
サッカーの目的は得点を取り、勝利すること。そのためにも守備の考え方をゴールを守ることから、ボールを奪うために必要となる。

6. 練習のための練習ではいけない
M-T-M（マッチ・トレーニング・マッチ）を行うことで、できるだけ選手がゲームを想定したなかでのトレーニングを行える環境をつくる。トレーニングでは、意識しているためできる場合があるが、ゲームでは無意識になるため、できない場合が多い。

7. トレーニングの目的を理解
人間は常に大脳からの指示で、身体を動かしている。しっかり頭の中で整理してグラウンドでは意識を持って、トレーニングすることが重要である。

8. ミスの理由
判断ミスは観ることだけをとっても理由がいくつもある。間違った分析でアドバイスすると子どもたちはレベルアップできない。

1．トータル・サッカー

　クライフ（ヘンドリック・ヨハネ・クライフ。1947年生、オランダ代表FW。1974年の西ドイツW杯の対ブラジル戦のジャンピングボレーから"フライング・ダッチマン"と呼ばれたサッカー界のスーパースター）がいたときのオランダ代表がワールドカップで見せたサッカーが、トータル・サッカーと言われたものである。いわゆる全員攻撃、全員守備と言われるものだが、ハンス・オフトが臨時コーチでジュビロにきたときに、初めて目の当たりにした。

　ある人間がチャンスだと思ったら、瞬時に「プレッシャー」と声をかける。するとボールに近いプレーヤーが次々に相手のボール保持者に襲いかかり、ボールの出所にプレッシャーをかけていく。これがオランダのトータル・サッカーの基本である。

　天皇杯の決勝でフジタ工業と戦ったときに、キーパーにバックパスするまでプレッシャーをかけ続けた。当時、トータル・サッカーを行っていたのはジュビロだけだった。全員が共通理解のもと、プレッシャーをかけにいくサッカーはどのチームも行っていなかった。まだまだ、完成された組織にはいたらなかったが、トータル・サッカーの何たるかを体現した最初のチームがジュビロだった。それまでのサッカーはオフサイド・トラッ

プのように守備陣が連携して動くというスタイルはあったが、全員が一斉に攻撃を仕掛けたり、プレッシャーをかけたりするようなことはなかった。

　その後、指導者になってからもこの経験が役に立った。トータル・サッカーの考え方をベースに、いろいろなゲームを観た。なかでもフェリペ（ルイス・フェリペ・スコラーリ。1948年、ブラジル出身。ブラジル代表監督として日韓W杯でロナウド、ロナウジーニョらを配し、圧倒的な攻撃力で優勝に導いた名将）監督のグレミオのゲームには鳥肌が立つくらいの感動を覚えた。

2．自分を知ること、味方を知ること、相手を知ること

　サッカーというスポーツは判断のスポーツである。サッカーにおいて選手の判断とは、観る、聴く、感じることで、多くの判断材料をもち、目的のために一番よい方法を考え、予測をもって決断し、プレーすることである。

　では指導者の判断と決断とは、どのようなものか。まず考えなければならないことは、"プレーヤーズ・ファースト"「選

手のために」ということだ。

それを踏まえて観て、聴いて、感じて多くの情報をもち、的確な分析を行うことで、状況に応じたアドバイスを考え、予測をもって決断して行動する。よい指導者とは的確な分析と知識、そして経験が必要になってくる。より的確な判断でプレーするためには、自分を知り、味方を知り、相手を知ることが重要である。

これを選手から観ると、「自分を知ること、味方選手を知ること、相手選手を知ること」になる。指導者の場合は、「自分を知ること、他の指導者と個々の選手を知ること、他のチームと選手を知ること」になる。

さらにあるとすれば、「レフェリーを知ること、ピッチ条件や気候、風向きなどの自然条件や環境面にも配慮すること」である。

サッカーにおいて的確な判断でプレーするとは、何を観て、何を考え、何を判断し、どのような決断をしてプレーをするかということである。

攻撃面では、ボールをもっているとき（オン）はプレーしている場所と相手と味方選手、味方の選手に対する相手選手、ゴールの位置などである。では、ボールをもっていないとき（オフ）は、プレーしている場所とオンの味方、オフの味方、オンの味

方に対する相手選手の状況、自分に対するマーカー、ゴールの位置などである。

　守備面では、ボールをもっているときはプレーしている場所とオンの相手、局面の数的状況、ゴールの位置などで、ボールをもっていないときは、プレーしている場所とオンの相手、味方選手の状況、相手マーカーの状況、局面での数的状況、ゴールの位置などである。

　サッカーのみならず、これらのことを意識していることが人間形成にも繋がっていく。

　私生活においても、悪い友だちに誘われたときに、何も考えずについていくのか、サッカーの仲間に迷惑をかけてはいけないと考えるかで、自ずと答えは決まってくる。人の意見を聴くことができなかったり、日本人特有の質問が苦手といったことも克服できるようになれば、サッカーが生活に与える影響も大きくなる。

　ジュビロで監督を任されたときの選手は中山、名波、高原など日本代表クラスの選手ばかりだった。そこでまず何をしたかというと、自分の考えるサッカー論を詳細に彼らに説明した。「こういうサッカーを目指しているから、こういう練習が必要になる」。すると選手からは、「それは難しい」などと声が上がる。やったことのないスタイルでやろうとしているのだから、当然

と言えば当然である。しかし、だからこそ会話が必要で、コミュニケーションを取ることでお互いを理解することが重要なのである。

ここで選手の言う通りにしていたら、「なんだ、この監督は自分のサッカーをもっていない」ということになる。

すると選手は不安になり、信頼関係などつくれない。自分の意見をぶつけることで、相手も思っていることを吐き出してくる。そのなかで、よいもの、あまり重要でないもの、できるもの、できないものなどの選択を行えば方向性は自ずと観えてくる。現状に満足している選手は、年齢とともに落ちていく。体力的なことだけみてもそうだ。それをさせないためにも、常に目の前にハードルを置いておく必要がある。

3．方法論中心の指導とは

チームの課題を見つけるときに、原因がグループからきているのか、個々の選手からなのかを見極めなければならない。個に特化した練習をするのか、グループに分けた練習をするのかは指導者の分析にかかっている。どちらをするにしても、大切

なのはゲームに直結した練習を行うこと。
　「パスがつながらなかった」という反省があったとする。だからといって、お互い向かい合ったパス練習をしてもモチベーションは上がらない。であれば、パスを主体としたゲームを練習に取り入れて修正する方が理にかなっている。分析から導かれた課題を修正する場合、大切なことは何を修正するのかという目的を明確にすることで、その目的を指導者と選手が共通理解のもとで達成を目指すことが重要である。方法論とは、どのようなやり方で、どうやって目的意識を持たせるか、ゲームにどうやって生かすのか、トレーニングとゲームが繋がっていかないとトレーニングの意味がない。

4．グループ戦術

　少人数でのプレーをグループ戦術という。戦術といっても複雑なフォーメーションではなく、2人以上の攻守のオンとオフの考え方のことである。
　チーム戦術があって、はじめてグループでの考え方が生まれてくる。ゲームにおいて、2人以上の場面は数限りなく出てく

る。攻撃の場面、中盤の場面、守備の場面、守備から中盤への場面、中盤から攻撃への場面などなど。

こういったさまざまな場面において、たとえば守備のゾーンでは「ノーリスクなプレーをする、ボールを失ってはならない」といった約束事を決めておく。中盤のゾーンでは「ボールを失わない、前向きの時間をつくる、常にゴールを意識しておく」という約束である。攻撃ゾーンでは「リスクをもったプレー、突破のプレー、常にゴールを意識する、シュートする、得点をする」という約束事を念頭においてプレーすることで、まわりの仲間とどのような連携をしていけばよいか、場面場面で何を意識してプレーすればよいかが観えてくる。そのなかから、判断し、決断して、最善の方法を選択することでよい結果が得られる。

プロになると監督によってチーム戦術ががらりと変わる。その戦術に対応していかなければ、選手は現実問題として使われなくなってしまう。そこにも判断が要求される。小さいときからさまざまな判断を自ら行ってきた選手は、このような場面にも対応することができるだろう。しかしこのような機会に恵まれなかった選手は、一番重要なことが身に付くまで苦労することになる。

指導者の立場から観ると、チームやグループといった広い視

野でゲームを観ていないと、ミスしたのはすべて個人の責任になってしまう。たとえば、ボールを奪われたのはある個人だが、そのときにまわりの選手はサポートを行っていたのか、アングルをつくっていたのか、背後に回っていたのかというように、グループで状況判断することで問題の原因が観えてくる。もっと視野を広げれば、チームとしてボールを奪われないような動きを全員がしていたのか、といったところまで言及できるようになる。

　まだまだ、ゲームでよく見聞きする光景だが、指導者が大声で「何でボールをもっているんだ」とか、「どこにパス出したんだ」などと怒鳴っている。それこそが、個しか観えていない指導と言わざるを得ない。ドリブルをしているのはオンの選手であるが、そのまわりでオフの選手が何をしているのか、どのポジションにいて、どんなサポートをしていたのかが観えていれば、オフの選手を的確な位置に動かすこともできるはずである。個だけではなく、グループとしてどうか、チームとしてどうなのか、そういった広い眼で観ていることが指導者には求められる。

5．数の優位さをつくる

　組織＋コンパクトとは、相手にスペースを与えないことである。なぜスペースを与えてはいけないかと言うと、自由にプレーをさせないためと、お互いの距離が近いことでカバーリングができ状況的には数的優位をつくることである。考える時間と動く時間を与えてしまうことは、守る側は動かされて相手の展開を追いかけることになる。ボールサイドでプレッシャーをかける。一度プレッシャーをかけたなら次から次へとプレッシャーをかけ続けることによってボールを奪う。基本的な考え方としては、ゴールから一番遠い相手プレーヤーはノーマークでよい。そのかわり、相手のオンのプレーヤーに対しては徹底的にプレッシャーをかけていく必要がある。

　コンパクトとはお互いの距離を狭くすることで、一人がプレッシャーにいくだけでは、1対1の局面をつくるだけで簡単に抜かれるかもしれない。そこで2対1の局面をつくることで、相手のオンのプレーヤーにプレッシャーをかけて方向性を限定し、別のプレーヤーがボールを奪い数の優位さをつくることでボールを奪いやすくするのが、組織＋コンパクトの考え方である。

　たとえ突破されたとしても、ずれながらプレッシャーをかけ

続けることで、常に同じ局面をつくることができる。こういうサッカーを行っていかないと失点は多くなる。

組織＋コンパクト＋バランス、このスタイルは私がジュビロのときからずっとこだわっている、サッカーのキーファクターである。

ジュビロでは3-5-2（N-BOX）。長野パルセイロでは4-4-2、あるいは4-5-1のときもあった。日体大でも基本は4-4-2、状況に応じて4-5-1のシステムで戦っている。

ジュビロ時代は、横幅68mのピッチをBKの3人で守らなくてはいけないので、センターバックの能力が高いことと、前線から中盤での相手ボール保持者に対しプレスで規制をかけることを要求した。3トップでくるチームに対しては、よりプレスの動きが重要であった。

この4-4-2のシステムは、選手全員が頭では理解している。しかし、90分間持続できないから後半の最後で失点するケースが出てくる。個人の判断ミスと判断の共有ができていないため、カバーに入らなくてはいけない場面でカバーにいけない。これはまだ、集中力を持って無意識でプレーできていないということである。90分間できてはじめて無意識でできたと判断するようにしている。

3 : 5 : 2 (N-BOX)

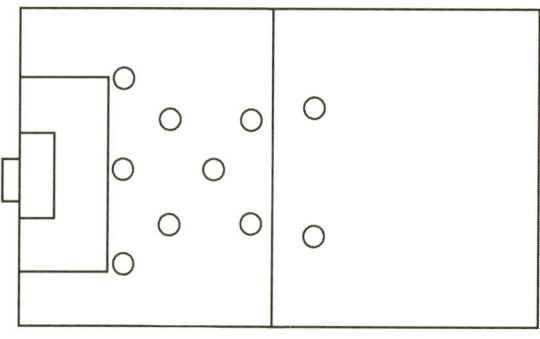

4 : 4 : 2

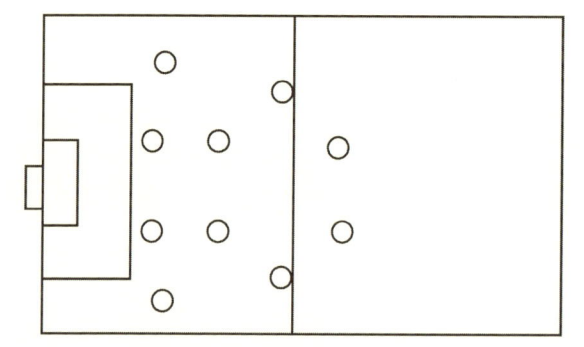

4 : 5 : 1

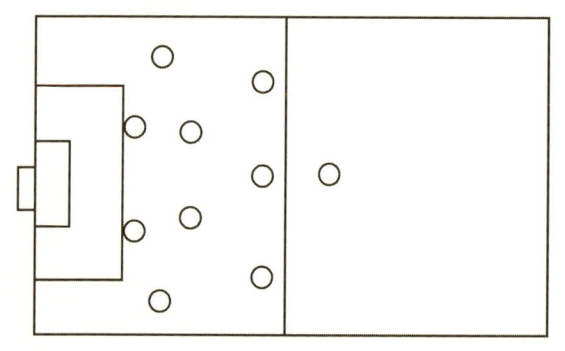

6．練習のための練習ではいけない

　練習では、選手がゲームで生かせる環境をつくることが非常に大切である。ゲームにつながっていかないと練習する意味がない。練習を上手くこなすための練習で終ってしまっては、何のために練習するのかわからない。この練習は、ゲームのときのこの場面で使えるとか、この局面のための練習である、といったことを理解していれば練習効率も高まり、より身に付いていく。

　冬期期間の試合がない時期には、個人のスキルや体力のレベルアップをはかるトレーニングを行っているが、試合期には必ずゲームにつながるトレーニングを考える。とくに大学生レベルではチームとしてのグループ、チームのなかの個人としてトレーニングしていかないと試合では使えない。選手がその練習を理解できるようにするのも指導者の大切な役割であり、アドバスして意識付けしながら指導することで、確実に選手はステップアップしていく。

　日体大の場合、個人個人の判断能力に違いがある。それを共有させるには、個々の判断能力のレベルを上げるしかない。先程のミスの話でもあったが、オンのプレーヤーが背後にパスを出したのに、オフのプレーヤーの動き出しが遅ければパスは繋

がらない。これはパスを出すタイミングが悪いのか、動き出しのタイミングが悪いかの判断を指導者がしなくてはならない。予測をもって決断をしていくなかで大切なのが状況判断で、ボールの出所を予測するには、より多くの経験とどこで判断して動き出すかを身に付けることが重要である。

　たとえばヘディングで、味方FWと相手DFが競り合っている。ボールがどちらかの頭に当たるまで観ていたのでは動き出しが遅くなる。だからといって根拠のない予測から、味方の頭に当たることを前提に走り込めばオフサイドになるだろう。大事なのはボールが飛んでくる位置やジャンプのタイミング、身長差などを考慮し、判断して動き出すことである。

　ジュビロでの名波の話だが、彼が順天堂大学からジュビロに入ったときに、ハンスから「守備を覚えろ」と言われて、1年かけて守備の練習を行った。そのときは、まだ全員で守るというサッカーが珍しい時代で、しかも名波は攻撃のスペシャリストで守備の経験はほとんどなかった。マスコミも「何で名波に守備をやらせるのか」と、書き立てたくらいだ。

　しかし、ハンスは「今のサッカーで守備をしなくていい選手なんていない。試合に出ている選手全員で守備をするのが当たり前だ。しかも中盤の選手が守備をしない方が不思議だ」という持論をつねに展開していた。

そして1年後、名波は見違えるような守備をみせてくれた。守るときのオンとオフに加え、ポジショニングにしても最適なポジションから状況を観ながら、パスが弱かったらすぐに奪いにいく。相手がよい状況でパスを出そうとしていたら、敢えてくっつかない。そこはわざと離れて、パスを出させて振り向かせないようにプレッシャーをかける。そうすることで、プレッシャーをかけられた相手は、パスを簡単に受けられなくなるのでパスのコースが一つなくなる。

　名波に関してはもう一つエピソードがある。守備を覚えたことで名波は、加茂周（1939年、兵庫県出身。1995-1997年まで日本代表監督）時代の日本代表に選ばれて、ヨーロッパ遠征に行った。そのとき加茂監督が「代表のなかに一人だけヨーロッパと対等に戦える日本人がいた」という話をした。それが名波だった。

　オールマイティで、守備も攻撃もオンとオフの判断がしっかりできて、プレーの精度も高く、パスのセンスがあり、視野が広く、スペシャリティをもっている。こういう選手がプロとして日本代表チームはもとより、世界のクラブで活躍できる。

7. トレーニングの理解と目的

　私は個に関してはあまり多くを要求しない。選手との信頼関係ができていれば、問題点を指摘したときに素直に聞き入れてくれる。こういう問題があるから失点につながっている。だから、このテーマでトレーニングを行っていくということを理解させ、目的を持たせていくことで改善されていく。

　なぜこのトレーニングが必要なのか、ゲームのなかから反省し、選手につたえることが大切である。

　オフシーズンのキャンプでは昨年のシーズンを振り返り、何が問題かを洗い出して分析し、反省点に基づいたトレーニングを実施する。そのため、この時期はフィジカルトレーニングはやらずに個の判断、プレーの精度のレベルアップが中心になる。それには、まず観ることと動くタイミング、ディスタンス（距離）、アングル（視野の確保）、そういったものを考えながらより高度なプレーができるようにする。そこから今年の目標を決めていき、その目標に向かっていくためのトレーニングを行っていく。

8. ミスの理由

　指導者がプレー中に起きたミスだけを捉えるのか、それともなぜミスが起きたのかを考えるのかで、同じミスでも大きな差がある。

　ミスした選手を怒る指導者は、常にミスした子どもを怒るので、その子はいつも怒られていることになる。しかし、ここで「なぜミスが起きたのか」を考える指導者は、まわりの状況が観えているので原因が分析できる。ミスした子どもは、観ていたのか、観ているフリをしていたのか、観て考えていたのか、観て考えていたが一番よい判断ではなかったのか、観て一番よい判断をしたのかなど、観たという観点だけでも、いくつものポイントがある。

　その子がどのポイントに当てはまるのかを分析しなくてはならない。いかに観ることが重要かが分かる。そのためには、指導者が観る習慣がついていないと話にならない。

　これらを含めて、プレーヤーズ・ファーストという考えが指導者にはなくてはならない一番重要な考え方である。

IV 選手の育て方

1. 対等に競える環境

子どもたちの能力分析を的確にし、グルーピングすることで、楽しくプレーすることができる。観て、覚えることの重要性を継続的に我慢強く指導する必要がある。

2. チームの育て方

世界のサッカーと日本人の特徴を踏まえ分析を行い、監督は自分のサッカーを選手に理解させ、日々粘り強く指導することが大切である。

3. ポジションの決め方

勝つことにこだわったポジションではなく、育てることをベースにした選手起用を行い、選手にはさまざまな経験を積ませることが必要である。

4. 日体大のサッカー

目指すは「クリエイティブでアグレッシブな攻撃サッカー」である。

5. 世界のサッカー

どのカテゴリーの指導者でも、子どもたちの夢や目標を理解し、その知識をもつ必要がある。

6. サッカーを通しての人間形成

サッカーというスポーツは人間形成に大いに役立つ。

7. 組織作り

ベストな環境を作り、選手を育てることが大切である。

1. 対等に競える環境

　子どもたちの目標は何か、夢は何かを考えたとき、今、子どもたちが目標としているのはどういったプレーヤーなのかということを指導者は理解していなければならない。その目標を達成するために、目標とするプレーヤーに近づくために、自分が指導している年代に合わせて、子どもたちの今のレベルを理解し、認識させることからスタートする。

　そのなかで、その年代ごとにできている子、できていない子を判断して、できていない子には何が足りないのかを分析し、繰り返し練習していく。

　できる子とできない子のグループ分けは、ある程度やむを得ない。しかし、最後は一緒になってゲームをするといった配慮が必要になる。できない子もできる子と一緒にプレーすることで、できなかったことができるようになったり、次へのモチベーションになったりするのである。

　指導者が見本を示せないときは、コーチに手本が示せる人を配すればよい。小学生レベルであれば、コーチも一緒になって子どもたちとプレーすることを奨励する。

　指導者は、試合のときに子どもたちが無意識になるので、その状態ではじめて、いままでの成果がどのくらいだったのかを

判断できる。試合は分析の場にしていかなければいけない。

　子どもたちは意識してトライすれば大抵のことはできる。「練習ではできる」や「練習だとよい判断ができる」というのは、プレッシャーのないところで意識して行っているからできるのであって、試合でのプレッシャーのなかで無意識にできて、はじめてできたと言えるのである。

　試合を通じて選手が観えていなかったことを、試合後にコーチングして結果を出す指導者よりも、その場で選手が自分の判断でしっかりと観たことを確認して、一番よい方法をとっていたらほめる指導者の方が選手は伸びる。

　その繰り返しが各年代で行われているのが現状だと理解している。とくに、若い年代のうちに「この子はプロになる」などわかるはずもない。どんなにほかの子より優れたテクニックを持っていようが、スピードがあろうが、プロになれるかどうかなど判断できるものではない。

　ただ、できる子には次のステップを用意することは、指導者として重要なことである。

　観ることの重要性を繰り返し述べてきたが、リフティングを例にあげて説明すると、今、ほとんどのクラブではリフティングの練習と言うと、何回できたか、腿だけではなく、足の甲や頭を使って、ボールを落とさずに続けてできるものが上手とさ

れている。

　しかし、この練習中、ボールを落とさないことに集中するあまり、視線がボールから離れない子が数多く入る。試合中、リフティングの回数が生きる場面は少ない。

　戦術のなかでの技術に変えていかないと、次のステップで伸びていけない。リフティングのための練習になってはいけない。リフティングの練習を試合に生かすには、リフティングの練習に観る動作を加えるとよい。では、どこで観るのか。ボールをついて、ボールが落ちてくる間にまわりを観たり、相手をつけて相手の動きを観たりする。

　これはドリブルでも同じである。ドリブルに集中して、まわりが観えていなければパスも出せないし、どこにスペースがあるのかもわからない。だからサッカーではヘッドアップが重要になる。頭を上げてプレーする、まわりを常に観て確認して、判断することがよい選手の条件となる。サッカーというスポーツは、瞬時に判断をしないとすぐに局面が変ってしまう。その度にコーチや監督の指示を待っていたのでは、ゲームにならない。

　われわれ指導者は、自分で判断できて楽しくサッカーをすることのできる選手を育てていかなくてはならない。

2．チームの育て方

　私のサッカーの原点にあるのが、「ハンス・オフトのトータル・サッカー」や「イタリア・ユベントス」、「ブラジルのグレミオ」のサッカーである。

　とくに、グレミオの守備には衝撃を覚えた。当時の監督は、ブラジル人のフェリペであったが、相手の状況でボールに対してプレッシャーをかける。パスが弱かったり、ミスコントロールをしたときに、オンのプレーヤーに対してプレッシャーをかけるスピードが物凄く速かった。

　メッシのように足元に吸い付いているようなドリブルもあるが、大抵のプレーヤーはドリブルのスピードが上がれば上がるほど、突いたときに身体からボールが離れ、ヘッドダウン状況では視野の確保が難しい。そこを狙って、マークをしているプレーヤーがドリブルを突いた瞬間にボールを奪いにいく。このとき、ただ奪いにいくのではなく、ドリブルのコースを切ることで、次のボールの出所のマーキングも同時にでき、1対1をつくることができる。

　守備で言えば、ジュビロのときの服部が印象に残っている。広島戦でのコーナーキックのときに「攻撃のコーナーキックか

らカウンターで3対1の状況をつくられた」。この状況のなかで服部は1対1にもっていくことができ、最終ラインで相手カウンターに対し、ボールを奪うことができた。このように、数的不利を数的同意に持っていくことができる選手を育てる必要がある。

 日体大では数が同じときには、プレッシャーをかけにいくということを徹底している。そして、できるだけ数の優位をつくることを意識させている。それには、相手のオンのプレーヤーとマークの状況が判断材料となる。どうすれば2対1を1対1にもっていけるか。それを考えられる選手を育てなくてはいけない。こういったことは、高校レベルでできるようになり、大学ではより早く、より強いプレッシャーのなかで経験させるのが理想である。

 2002年のジュビロは、知らず知らずの間に対戦相手に合わせたサッカーを行っていた。結果が欲しいが故に、相手の戦術や選手に合わせた選手起用で、相手の分析ばかりに気を取られ、自分のサッカーを見失っていた。

 そんなとき名波と話をした際に、サッカーが変ったと言われて目が覚めた。それからは、相手の分析はもちろんだが、相手に合わせて選手を起用するのではなく、自分たちのサッカーを貫くための布陣に戻した。

自分のサッカーをしっかりと持っていれば、相手の分析も自分のチームを主体として考えることができる。しかし、選手にはあまり細かな分析結果は伝えない。サッカーに同じ状況は二度とこないので、結局、判断するのはその場にいる選手になるからだ。

3．ポジションの決め方

　ポジションを決めるにも、本来はその子の特徴を生かして、将来のことを考えて配置しなければならないが、現状を観るとチーム事情が優先されている場合が多い。たとえば本来は、フォワードで点を取る方が向いているのに、チーム事情を考えて失点を防ぎたいためにセンターバックをやらせている。どのポジションと固定するよりも、できればジュニアから中学校くらいまでは、いくつかのポジションをやらせてみることが大切である。いろいろなポジションをやらせることで、必ず発見があり子どもの特徴が観えてくる。
　いつもフォワードばかりやっていた子が、実は相手の動きを観るのが上手で、ディフェンスをさせたら1対1で抜かれな

いとか、背が大きいからセンターバックをやらせていたが、フォワードをやらせたらヘディングの精度が高かったなど、いろいろな状況を与えることも指導者には必要である。

　1トップで両サイドがいて、トップ下がいて、ダブルボランチでとシスティマチックにゲームをすれば結果は出る。多少、相手チームの実力が上でも、組織で戦うとある程度の結果が出てしまう。

　しかし、小さいときから組織で動くことを教えられてしまうと、中学、高校に行ったときに個としてのテクニックが身に付いていないので、サッカーの変化についていけずゲームに出られなくなってしまう。

　ここで問題なのは、ゲームに出られなくなった子がサッカーを止めてしまうことだ。そうなれば、サッカーを文化として根付かせようとしている、発展させようとしているわれわれにとって一番残念なことになる。

　プロで活躍する選手は、ほんの一握りのスペシャリストだけである。サッカーを生涯を通じて、仲間と一緒にプレーして楽しむ。ひいきのチームを応援して楽しむ。子どものプレーを観て応援するなど、サッカーそのものを楽しめる人を一人でも増やすことができるかどうかが、サッカーが日本に定着するかどうかの分岐点になる。

そのためにも、途中でサッカーをやめるような選手を出してはいけない。ゲームに出られなければ、どうすればサッカーの楽しさを伝えることができるか、それを考えるのも指導者の大切な役割であると言うことを再認識してほしい。

4．日体大のサッカー

　日本体育大学での指導でも「クリエイティブでアグレッシッブな攻撃サッカー」をテーマに指導を行っている。個人、グループ、チームで仕掛けてボールを奪い、ゴールを奪うサッカーである。

　選手としては、オールマイティな選手に育ってほしいし、そういった選手を養成していくのが目標である。オールマイティな選手とは、的確な判断と判断のスピードをもっていて、プレーの精度が高い選手のことを言う。的確な判断と判断のスピードを共有することで、チームのコンビネーションアップと連動したプレーができる。

　こういったオールマイティな選手が他の選手より優れた能力を兼ね備える（スペシャリスト）ことができれば、プロでもやっ

ていける選手になるであろう。

理想のクラブは、監督を経験した部長がいて、サッカーのさまざまな知識を踏まえた上で、学校や地域と連携しながらチームづくり、組織づくりを行っていくことが重要である。

5．世界のサッカー

選手を育てる上で、世界のサッカーを知ることは重要である。ヨーロッパは、南米は、アフリカは、アジアは、それぞれのレベルで、たとえば世界ではどんな選手を必要としているのか。そのためにはどのような選手を育てなければならないのか。そのための練習はどうすればよいのか、ということを常に考えて実戦してきた。

日本人のサッカーには、やはり日本の文化が反映して、日本の特徴があって、日本人の性格がある。これらをすべて考慮して作り上げていかなければならない。

1対1で勝てなければ、ボールサイドとコンパクトなサッカー（全体的なバランス）を考え、カバーリングをして数的優位をつくる。5mの距離を3mにして距離をつめなければ、世

界には太刀打ちできない。最低でも同数にすることが必要で、その場合はカバーリングを重視する。

68mのピッチを3人で守るか4人で守るかといったシステムの違いはあるが、私のサッカーの原点は2001年に世界と戦うために考えたN-BOXというシステムである。

N-BOXについてまず考えたことは、1対1では日本の選手の場合はフィジカルでは歯が立たない。そこで、高い位置から守備をしてボールを奪いにいくということ。ジュビロには、真ん中の中心線によい選手がいたが、サイドバックはやや力が落ちた。どちらかと言うと、センターバックのタイプの選手が多かった。そこで3-5-2のシステムで、前から守備を行っていくことにした。

ポイントになるのは、中山、名波、服部、田中で、真ん中に1人、ツートップとスリーバックでラインアップを行った。なぜこのシステムかというと、インサイドからアウトサイドに展開し、一気に攻め込まれないようにインサイドで抑えることと攻撃の時間を多くするために、前線で仕掛けてボールを奪いカウンターで得点を取るためだ。

攻撃面は名波がフリーで持ったときに、相手マーカーにボールとマークの両方を観られないようにした。インサイドからアウトサイドへ長い距離を走ると、ボールの状況を観るかマーク

を観るかしかなくなる。そのため、攻撃でも守備でもインサイドから行うことで、チームとしてベストな結果へと進化し、選手個々のレベルアップを図ることができた。

6. サッカーを通しての人間形成

　サッカーを通しての人間形成とは、カバーをする、状況判断ができる、そういったものが人を育てる大切なファクターであると思う。

1．観る・聴く・感じる　⇒　多くの判断材料を持つ　⇒　目的にあった一番よい行動を考える　⇒　予測を持って　⇒　決断し　⇒　行動する
2．自分を知ること・味方を知ること（会社内）・他の相手（例：営業等）を知ることでよりよい判断で行動できる。

　上記の通り、サッカーというスポーツを通して人間形成を図る。さまざまな経験をしていくなかで、課題や問題点が一つ一つ解決されていく。

自分が監督をするなかで、ハンスや他の代表監督、選手（海外経験者）の言っていたことはこういうことだったのかと気づくとともに、理解できずに点在していたものが、線となってつながっていく。それが指導者としての自信へと変わっていき、自信を持って決断できるようになる。この課題について、このトレーニングをすればこういう結果が出る、それが経験である。

　若いころは、自信などあるわけがない。何をするにも、やってみないことには結果が出ない。やってみたことが、すべて結果に結びつくとは限らない。失敗をしながらしか成功に近づくことはできない。やりもしないで月日だけが流れて行くことは、指導者として最悪な展開だ。チームは決してよくはならない。何もしないのだから、現状より悪くならないかもしれないが、指導者としては失格である。

　これは、プレーヤーにも指導者にも言えることだが、自分の欠点や分からないところを隠し続けることが、どれだけ可能性をつぶしてしまっているかを考えなくてはならない。ミスに気づいているのに、そのままにしておくプレーヤーも同じことが言える。ここはいかなければいけないという状態のときにボールにいかず、相手が余った状態で得点を許してしまう。このような点の取られ方はディフェンスとして最低である。

7. 組織について

　組織形成の理想から言えば、大学以下のクラブでは監督を経験した部長がいて、部長が学校や地域との連絡をとり、監督にはサッカーに集中できる環境を与えてほしい。

　今は、高校レベルですでに優秀なコーチがついて、指導に当たっている学校が増えている。中学は、部活動のチームも多いが、サッカークラブに所属している子もたくさんいる。理想は、年齢で所属をわけるのではなく、サッカーの能力で判断して所属チームを選べることだと考える。高校1年だから、中学1年だからというのではなく、その選手の能力を的確に分析し適切な環境で指導することで、よりその子は伸びる。しかし、現状は登録などの問題でそれは難しい。

　現在、日本のサッカー界はその発展と選手のレベルアップを図るために、Jリーグを設立し、チームはプロ選手だけでなく、育成部門を持つことを義務づけている。

　日本の場合は、まだまだ部活動として活動している選手が大勢いるので、中学で3年、高校で3年、大学で4年とそれぞれ違う監督とコーチのもとサッカーを続けてくる。それだけに、一貫指導ができる環境が必要である。

Ⅴ よい指導者とは

1. 監督・コーチの責任
組織の充実を図るためにも、役割を明確にして協力体制を取ることが重要である。

2. よい指導者とは
プレーヤーズ・ファーストの考えと平等性をもった行動をそなえた指導者。

3. クラブ活動の問題点
その年代でのゲーム結果ではなく、選手がプロになる年代の世界のサッカー、日本のプロサッカーを予測して、必要なテクニック、タクティックス、フィジカルを指導する。

4. よい指導者の条件
指導者として子どもたちの夢、目標を援助するためによい環境でサポート（指導）できること。

5. 若手指導者へのアドバイス
指導者として、ミスを常に指摘するのではなく、観ること（ゲームで何ができて、何ができないのか）で的確な分析を行うこと。サッカーは日々進化している。常に指導者も進化することが求められている。

6. 指導者として大切なこと
常に選手のために、指導者として反省することが大切である。また、常に粘り強く、我慢強く、継続的に指導することが大切である。

1．監督、コーチの責任

監督は結果を求められるので、チーム戦術を考えて選手を決める。だからすべての責任は監督にある。このことを肝に銘じておくことが監督の条件である。

「勝てば選手のおかげ、負ければ監督の責任」あたりまえのことである。

コーチングスタッフは、チーム戦術に不明な点があれば、監督に聴き、不明な点をクリアにしておくことが大切である。監督の戦術を理解して、正確に選手に伝える。なかには、選手側について監督批判をするコーチがいるが、そのようなコーチはチームに必要ない。コーチは監督よりも選手の近くにいる分、選手の情報を持っている。このところ、あの選手の動きが悪いのは足首の状態がよくないためとか、風邪気味で食欲がないとか、精神的に悩みがあって落ち込んでいるとか、そういった細かなことに気を配るのがコーチの役割である。

監督に話ができない選手はたくさんいるので、コーチがパイプ役にならないと選手とのコミュニケーションが上手くとれなくなってしまう。監督・コーチはもちろん、チームスタッフが一体になっていないとチームはまとまらないし、選手も安心してプレーに集中できない。

2．よい指導者とは

　監督として人の上に立つ者は人格者でなければならない。平等に観る眼をもたなければいけない。年齢によってコーチングの仕方や学年に応じた見方はあるが、接し方は平等でなければいけない。

　そして何より、プレーヤーズ・ファーストでなければいけない。選手のことを最優先に考えてさまざまな課題、問題に取り組むことが監督として最も重要なことである。プレーするのは選手なので選手が自分で判断してプレーできるように育てなければならない。そのためには、選手一人ひとりをよく観察することが重要である。

　選手から学ぶことはたくさんある。選手とコミュニケーションを取りながら、監督自らも成長していける環境をつくることを心がける。プロの監督は、この辺りのことはコーチングスタッフに任せればよいが、中学、高校、大学の監督は自らが選手とコミュニケーションを取ることが必要なことである。

　ここで大切なのは、監督の目指すサッカーを選手が理解しているかどうかということである。これが最低条件として両者にあってはじめて信頼関係が成立するので、監督が自分の目指すサッカーをもっていないと、選手とコミュニケーションをとる

のは難しい。選手と話ができないと、なかには怒って終わりという監督も出てきてしまう。

3．クラブ活動の問題点

　監督が代わるとサッカーが変わるのは仕方がない。それに対応できる子どもはよいが、できれば目指すサッカーに向かって小学校、中学校、高校と同じ目標に向かっていくのが理想である。しかし現状は3年、3年、4年と学校が進むと同時に監督が変わりサッカーが変わる。判断とプレー精度を高めようとする年代でサッカーが変ってしまうと、子どもたちが迷ってしまう。

　クラブチームのサッカースクールでは、10年後を見据えた指導を行ってもらいたい。5年後、10年後のビジョンがあれば、今、何をしなくてはならないかが自ずと観えてくるはずだ。

　ヨーロッパのクラブに入っているジュニア選手は、13歳や14歳でプロを目指すというしっかりとした目的意識があってサッカーに取り組んでいる。クラブに入るまではいろいろなところでサッカーを行っている。指導者がいないところでも平気

でゲームを行い、遊びのなかから相手との駆け引きを身に付けていく。

　南米の選手は、チームプレーなんかまったく考えていないのでボールをもったら離さない。

　日本はというと、ジュニアのころから全国大会があり、将来どのような選手に育てようというより、目の前の大会に勝つことへのこだわりが強いと感じざるを得ない。

4．よい指導者の条件

　よい指導者の条件としてまずあげられるのが、世界のサッカーを知っていること。トップレベルの選手はどんなプレーをしているのか、ヨーロッパでは、南米では、Ｊリーグではと各国の状況を把握しておくことが大切である。もっと言えば国内の状況にも眼を向けて、大学の状況は、高校は、中学は、ジュニアは、とそれぞれの年代の状況も知っておく必要がある。

　自分は高校の監督だから、国内の高校の状況だけ分かっていればよいというのでは、どこに向かって子どもを育てていけばよいのか目標が見えてこない。大学に進学してサッカーを続け

たいのか、プロになって活躍したいのか、将来を見越した指導ができない。

子どもがプロを目指したいと思っていても、指導者がプロというものを理解していなければ、技術的に、体力的に、戦術的に、メンタル的に、何を身に付けさせればよいか分からない。それでは指導者とは言えない。さらにプロ選手ともなれば、人格者でなければならないので、サッカー以外にも身につけていく大切な事柄がたくさんあることを理解して、指導しなければならない。

また、逆に中学や小学校の状況が分かっていなければ、どんなトレーニングを積んできたとか、どの程度のレベルにあるのかも分からない。一番の問題は、それぞれの年代ごとに各々のスタイルをもってサッカーをしてきているので、すべてを把握するのは無理だということ。しかし、全体の状況が分かっていれば対処の方法が必ずあるはずである。

もう一つの問題は、サッカーに対する理解の差があることで、同じ用語を使って指導しても伝わらない場合がある。これは、指導者側にも問題がある場合がある。たとえば、サポートという言葉一つとっても、監督の意図したサポートのイメージが果たして共通認識として使われているのか。連携や連動にしても、細かな確認作業が必要になっているのが現状である。

本来ならば「サポートと言う言葉はこういう意味で、こういう動きだ」とすべての指導者とプレーヤーが理解していれば、ジュニアでも、中学に入っても、高校でも、大学でも、さらにはJリーグでも同じサポートができるはずで、それが当たり前にできれば、学校が変わるたびに確認する必要はなくなる。

　観ることの重要さは繰り返し述べてきたが、意識を持って観ている子と、失敗を恐れて消極的な子を見分けなければならない。意識を持っている子に対してのアドバイスは行いやすいが、消極的な子へのアプローチが難しい。大切なのは失敗してもよいからとにかくやる気にさせること、それには楽しくサッカーに取り組む環境をつくることが必要になる。意識していれば、あとは理解して行動に移せばよいし、そのなかでミスが起きればその点を修正していけばよい。

　チームに背の高い選手がいたとする。しかし、この子は動きが遅くまわりについてこられない。だからゲームには使わない。プロの選手の条件は、オールマイティ＋スペシャリストだと言及しているが、背が高いというのは明らかにスペシャリティをもっていることになる。そうであれば、動作が鈍いのを早くするにはどういうトレーニングを行えばよいのかを指導者が考え、実戦していくとともにオールマイティの部分のトレーニングを根気よく続けることが重要である。そうすれば、高校

生で一気に才能が開花するかもしれない。そのときにオールマイティの部分の練習を怠っていたら、せっかくスペシャリストの部分が現れてきても、ゲームに出られるかどうかはわからない。

大切なのは指導者がそこまで見通すことができるかどうか、10年後のその子のことを考えた指導ができるかどうかが、よい指導者かどうかの分かれ目であろう。

5. 若手の指導者へのアドバイス

日体大を例にすると、Aチームの選手には私の指導を観て、体感して覚えてもらいたい。私の指導をただ受けるのではなく、自分が指導する立場になったことをイメージして自分に置き換えてほしい。

なぜ今、監督はアドバイスしないのか、そこにはタイミングと状況判断があるということを理解してほしい。

練習で言って、言って、言い聞かせて、また試合で言う。これはあまりよい指導とは言えない。

どこかでやれると思ったら、何も言わずに任せてみる。そう

いう状況も必要になる。いつもベンチから気づかせてもらっているようでは、身に付くものも身に付かない。大切なのは自ら気が付き、再度トライできる環境をつくること。

必ずサッカーには流れがある。9対1、8対2くらいの力の差があるチームとの試合でも、必ず流れがきて得点するチャンスが訪れる。その1本を決めて勝つといったゲームがたくさんあるのがサッカーというスポーツである。そのようなことも頭に入れておけば、戦うときのモチベーションになる。

ミスを引きずってはいけない。90分間しかゲームの時間はない。そのなかで考え込んだり、悩んだりしている時間はない。分析は試合後にいくらでもできる。

若いときはとにかくいろいろなことをやってみる。大学やプロの指導者は勝つことが最優先課題となっているので、試しながらというのは難しいかもしれないが、試せるのは公式戦だけとは限らない。さまざまなゲームを通して、自分の目指すサッカーに近づける努力を怠ってはならない。

やってみて、はじめて分析することができ、反省し、改善し、次につなげることができる。その繰り返しが経験となり、よい指導へと繋がっていく。

ではAチーム以外の選手はどうすればよいのか。日体大サッカー部員200人のうち、ゲームに出るのは15人前後である。

私のサッカーで一番重要な点として位置付けているのが判断力である。何度も繰り返し出てきている言葉だが、自分を知ること、味方を知ること、相手を知ること。これは、プレーだけではなく、自分を知ることでプレーヤーとして続けるのか、指導者の道を選ぶのか、またはサッカーは高校、大学までで、何かほかの道に進むのか、といった選択にも活用できる。

　Ａチーム以外の選手は、直接私の指導を間近で経験することがなかなかできない。もちろん、練習のときのアドバイスなどを参考にしてもらえばよいが、いつも間近で練習を観ているコーチが彼らの教科書になる。そのため、コーチが私の指導を理解し、共通の認識の上で彼らに接してもらわないと、たとえばＢチームからＡチームに上がってきたときに、私の指示が伝わらないのでは選手が混乱してしまう。

　任せるのであれば、指導者の考えを十二分にコーチに伝え、共通認識のもとで観てもらうことが大切である。そして、コーチに任せたからには、監督がそのチームに多くを語る必要はない。もちろん、部として大切なところは監督が指示する必要があるが、細かな指示はいつも観ているコーチに任せるべきである。

　また、指導者を目指したいという目標がはっきりしたのならば、指導者の側で手伝いをしながら、指導の勉強をする方法も

ある。側にいれば、アドバイスのタイミングや敢えて何も言わない場面など、選手と同じ状況、いや指導者目線から観ることができるので、選手以上にさまざまなものを得ることができるはずである。

たとえば試合が近いときにチーム力が上がっていかない。そのときに何が足りないのか分析し、チーム全体の問題なのか、グループでの問題なのか、それとも個の問題なのかを的確に判断して修正する。

しかし、試合前にあまり細かい指示を出しても選手は混乱するだけだろうし、強い口調で叱咤すれば萎縮してしまうかもしれない。気合いを入れるために平手で叩く、拳で小突くなど問題外である。指導以前の問題だ。大切なのはいかによいコンディションで試合に臨むことができるかである。プレーヤーズ・ファースト。若い指導者はとくにこの言葉を胸に刻んで指導してほしい。

悩んだとき、よい方法が見つからないとき、なぜ勝てないのか、なぜできないのか、大いに悩んで、あらゆる角度から分析してほしい。答えが見つかるまで何度でもトライする。その一つひとつの経験がのちの指導に大いに役に立つ。

全国高校サッカー選手権の出場チームの監督を観ると、2012年の大会が10チーム、一番多い大会で22チームの監督

が日体大のOBである。今でこそ、体育系の学部や学科をもつ大学が100くらいあるが、われわれの時代は数えるほどしかなかった。そのような状況のなかで、サッカーの指導は、"理論の筑波、実戦の日体"と言われてきた。

　日体大を卒業した先生方の指導の多くは、生徒の先頭に立って、生徒とともに汗を流し、真っ黒になってサッカーに打ち込む。生徒たちも、先生があそこまでやっているのだから、自分たちもやらなくては、という意識でサッカーに取り組んでいく。この指導も確かに素晴らしい。しかし、今は理論だけでは勝てないし、実戦ばかりでも難しい。やはり、両方を兼ね備えてはじめて、よいチーム、よいサッカーが生まれてくる。

　そのため現在、高校や中学で指導を行っている日体大のOBはじめ、サッカー指導者はとにかくよく勉強している。日本サッカー協会の指導者ライセンスを取ることはもちろん、サッカー観戦、練習試合と休む間もなくサッカー漬けの日々を送っている。

　サッカーはプレースタイルや戦術などが日々進化していくので、常にサッカー界全体の状況に眼を向けていかないと取り残されてしまう。さまざまな考えの指導者とコミュニケーションを取り、情報交換をすることも指導者として重要な仕事であろう。

頑に自分のサッカーを押し通すのも一つのスタイルではあるが、押し通すのにも、まわりの状況を理解した上なのか、ただ単に自分流にこだわっているのかでは、結果が大いに変ってくる。

　大切なことは、自分のサッカー理論をもっているかどうかということ。自分の考えるサッカーがあってはじめて、他の指導者と話したときに、違いや参考になる点などを取り入れることができる。しかし、何もないところで話を聴いても、言い返すこともできずに聴いているだけではディスカッションにならない。

6．指導者として大切なこと

　「メッシが11人いても勝てるとは思わない」。どんなに上手な選手でも、守備なら守備の、中盤なら中盤のスペシャリストが必要だと言うことである。

　ハンスが常に言っていたのが判断を伴ったプレーの精度、アイコンタクトで速いプレーについていけないのは、判断がついていかないからであり、経験を積むことである程度の解消が期

待できる。

　また、アイコンタクトと一言で言われているが、大事なのはお互いに観て動き出しのタイミングを図ることである。「縦を突破されて、何回もシュートを打たれているなら、相手が速いから縦を抑えてしまえ」というアドバイスがあってもよい。

　やろうとしていることができないと、子どもたちは悩んでしまう。そこで「問題はこれだけだ」とヒントを与えれば展開が変わる。アドバイスによって変化が出ないとすれば、それは適切なアドバスではない。または、アドバイスを選手が理解していないことになる。

　よい指導者になるためには、常に自分に置き換えて考えることである。あの場面でこういうアドバイスをしたが、違うアプローチをしていれば、この失点はなかったもしれない。選手のせいにした時点で自分自身の指導者としての能力アップはなくなる。その時点で考えることを止めてしまう。「自分のミスではない」と思った瞬間、指導者としてのレベルは上がらなくなる。

　そうではなく「ミスはミスだが、自分が違うかたちでサポートに入っていけば、違う展開があったのかも知れない」とか、「違うボールを出していれば、あのミスは起きなかったかも知れない」。そういうふうに考えるのか、「あいつのミスだから」で終っ

てしまうのかでは、比べものにならないほどの大きな違いがある。

　あるとき、あまりにも選手が代わらないので、ハンスに聞いたことがある。するとハンスは、「マサ、何回言った？　50回か、だったら100回言え。それでもダメなら200回言え。とにかく、言い続けることだ」。

　世界と戦うために、はじめから高い要求をする気はなかった。開幕から徐々にレベルをあげていき、ゲームを重ねのごとに成熟していけばよいと考えていた。開幕から100％で戦えるとは思っていなかった。

　ゲームを重ねるごとに判断を共有できていけばよい。その意味では、目先の勝利よりも選手が成長していくのを見守りながら、最終的にチームが勝利する、それが一番。

　判断ができるようになり、お互いの意識が共有できてくれば、チームは必ずよくなってくる。それに加え、アイコンタクトを含め、パスやシュートの精度が高まってくれば、強いチームになってくる。すると結果がついてくる。プロなので結果は問われるが、完成予想を立てて、その完成予想に向かって選手とチームを育てていくのが、鈴木政一流の指導法である。

　勝率を見れば、この考え方が間違っていなかったことが裏付けられる。ジュビロの2001年、2002年のシーズンでは、通

算成績は59勝6分8敗と8割を超える勝率をあげている。

　結果を求めてシステムを変えたり、選手を代えたりする監督は大勢いる。しかし、それは違うのではないか。プロセスを大切にしながら、自分の描いた理想のチームに近づけるにはどうすればよいのかを考えるのが監督の仕事である。選手がミスをするのは当たり前である。完璧な選手などいるわけがない。ミスすることを含めて、予測を持ってゲームに向かえばよい。できない要求はしない。できないことをやらせて、「何でできないんだ」では、指導でもなんでもない。

　選手ができること、できないことをしっかりと把握していれば、無理な要求はしないし、できない作戦を立てることもない。選手も、チームも同じで、育てていけば必ず勝てる。間違った方向に向かいさえしなければ、結果は必ずついてくる。一番大切なのは、安定した結果を出せることと、進化し続けることである。たまたまよい選手がいたから、今年だけ強い。それでは、指導者など必要ない。どんな状況でも、狙いを持ったサッカーができることこそ、安定した強さにつながっていく。

　中学も高校も3年間、大学も4年間で選手が代わる。そのなかで継続して勝ち続けるには、たとえば大学の場合、4年生が中心のチームだからといって、4年生ばかりでチームを構成しては来年につながらない。3年生や2年生を入れながらチー

ム構成を考えていくのも監督の仕事である。そこでは、ポジションのバランス、年齢のバランス、プレーの能力のバランス、それらを把握したなかでチーム構成を考えなくてはいけない。

7．U-18 の監督に召集されて

　この度、日本サッカー協会より U-18 の日本代表監督の依頼があった。U-18 日本代表監督とは、2015 年にニュージーランドで開催される FIFA U-20 ワールドカップに出場するために、選手たちに経験を積ませることが重要となる。
　日本は過去 3 大会、アジア予選で負け、U-20 ワールドカップを経験できていない状況である。

　2013 年　U-18　アジア一次予選（18 歳以下）
　2014 年　U-19　アジア最終予選（19 歳以下）
　2015 年　U-20　ワールドカップ（20 歳以下）

　この年代の日本代表監督は、高校生選手と大学選手と J リーグ（プロ選手）など、幅広い環境でプレーしている選手を招集

し、短期間のなかでどのようにチームをつくり、世界と戦えるチーム力を持って、いかに結果を出すかが重要となる。

　前回の代表チームの状況分析や他国のチーム状況分析、現選手の状況と情報の分析などを的確に行い、個人的にもグループ的にもチーム的にも、仕掛けてボールを奪い、仕掛けて得点できるサッカーでU-20ワールドカップに出場し、各選手がこの年代でベストな経験を積めるよう全力で努力していく。

　自分のサッカーがアジアや世界でどこまで通用するのか、選手とともに楽しみにしていきたい。

第3章
対談

矢野： 鈴木監督は現在の日本代表をどのようにご覧になっていますか？

鈴木： 日本代表は、紆余曲折はありましたが、いい方向に向かっています。歴史的に見ると、フランスが強いとフランスの指導者を呼び、メキシコが結果を出すと、メキシコ人は日本人と体形が似ているからとメキシコ人の指導者を招聘する。そのような繰り返しから、オシムさんになってようやく日本人は日本人らしいサッカーを目指すという方向に向かっていくようになりました。育った環境や文化、そして選手の性格や能力を踏まえて、それらを生かすようなサッカーを作り上げていかなくてはならないという考え方が浸透していきました。

矢野： 戦術やシステムありきではないということですね。オシムさんは日本人とは何かということからサッカーを考えていましたね。

矢野晴之介(やのせいのすけ)

1977年、静岡県出身。
日本体育大学卒業、日本体育大学大学院、筑波大学大学院修了。日本体育大学女子サッカー部監督。

鈴木： そうです。それから、日本サッカー協会が変わりました。それまでは、フランスが強ければフランス式のサッカー。スペインが強ければスペイン。しかし、日本のサッカーは日本人がやるものです。日本人が世界と戦うのだから、日本人の特徴を生かすのが当然です。

矢野： 現在の日本代表はそれができていますか？
鈴木： 日本代表が現在やっているサッカーは、日本人の特徴や特性を生かしていると思います。

矢野： と言いますと……。
鈴木： 真面目に堅実に言われたことができている。多くの日本人がドイツなど、海外で活躍しています。そのドイツのサッカーが近年変ってきていると思います。その中で攻撃にもドリブラー（ドリブルをする人）やパッサー（パスを出す人）が必

鈴木政一（すずきまさかず）

1955年、山梨県出身。日本体育大学卒業、2000-2002、2004年ジュビロ磐田監督、2011年-日本体育大学サッカー部部長兼男子サッカー部監督、2013年-U-18サッカー日本代表監督。

要だという認識になっています。そこにテクニックを兼ね備えた将来性のある日本人選手が適合しているということです。

矢野： 攻撃にも多彩なバリエーションが必要と言うことですね。では、日本の守備面はどうですか？
鈴木： 守備に関して言えば、理想とするサッカーに一番近いかたちを見せてくれたのが、南アフリカ・ワールドカップ時の岡田武史監督の日本代表だと思います。組織的かつコンパクトな守備。日本人が一番得意にするところがここにあります。岡田監督はこれを見極めていた。個人のテクニックが上がったとはいえ、フィジカルの部分では欧米にはかなわない。そのため課題は、守備から攻撃に移ったときのバリエーションにあります。個人で打開し、グループで打開する。チームでも打開できるといった、いろいろなパターンができれば、世界にもっと近づくことができるでしょう。

矢野： 若くて将来性のある日本人が、海外で活躍するのはとてもよいことだと思うのですが、Ｊリーグのレベルはどうですか？　Ｊリーグが誕生してから20年が経とうとしています。
鈴木： そうですね。率直に言えば、同じようなクラブばかりで面白くありませんね。

矢野： どういったところが同じなのですか？ システムも戦術も違うし、私には同じようには見えないのですが。

鈴木： そういった表面的なことを言っているのではありません。構造的な問題が、どこのクラブも一緒だということです。監督が代われば、選手が代わってスタッフも代わる、そして戦術が変わり、チームが変わり、クラブの雰囲気も変わる。これはどのクラブにも孕んでいる問題です。そのようなことを繰り返してたら、クラブは発展しないということです。

矢野： なるほど！ 確かにバルセロナのような永い歴史と伝統を持つクラブは少ないですよね。でも、なぜ日本のクラブはそうなってしまうのでしょうか？

鈴木： 問題は監督、フロント、社長にあります。経営側にサッカーのクラブというものが分かっている人材がいない。もっと言うと、根本的な問題になりますが、経営側にサッカーそのものを分かっている者がいないということです。さらに言えば、サッカーが分かっているはずの強化に携わる者が、経営側の言いなりになっているのが問題です。どこのクラブにも強化部長という役職がありますが、その強化部長が自分では何をしたらよいか分からず、監督に自分の役割まで任せているのが実情です。

矢野： 本来であればサッカーを知っている強化担当者が3年から5年、いや10年先まで見越したクラブづくりをしていくのが理想ですね。と言うより、それが当たり前だと思います。強化部長などの役職の役割が果たされていないということですね。

鈴木： このクラブにはこんな特徴がある。他のクラブにはまた違った特徴があって……、という具合に。サポーターが誇りを持って応援し続けることができるクラブを作り上げる。それが伝統になっていかなくてはいけない。そうでなければ、ヨーロッパの名門と言われるレアル・マドリードやマンチェスター・ユナイテッド、アヤックスやACミランといったビッククラブはもちろん、地域に根付いたクラブが日本に生まれることはないでしょう。

矢野： そのようなことが何か現象として日本サッカー界に現れていますか？

鈴木： 名古屋グランパスが優勝した翌年、J2から上がった柏レイソルがいきなり優勝しました。このようなことは、海外リーグでは考えられません。Jリーグの歴史を見ても、そのようなことはありませんでした。これは、明らかにJ1のレベルが落ちているということです。

矢野：　理想のチームづくりはどうあるべきですか？

鈴木：　『個々の力を最大限に発揮して、チーム力で戦う』、それが大事です。勝てないことを選手の理由にして、選手を代える。それは違う。もっと大事なことがあるのに、それに目をつむって選手の能力を理由にしてはいけません。

矢野：　もっと大事なこととは、どのようなことですか？

鈴木：　『プレーヤーズ・ファースト（選手第一優先)』という考え方です。この考えが日本には少ない。私がＪリーグのクラブでいつも言っていたのは、"選手はクラブの財産"ということです。よい準備をして、チームの状態がよくなっているが、どうしても結果が勝利に結びつかない。やれることをすべてやった上で、どうしても結果が出ない場合は、選手交代もやむを得ない。

矢野：　プレーヤーズ・ファーストとは、何においても選手を第一優先に考えるということですよね。私も、スタッフやチームを尊重するあまりに、選手を蔑ろにしてしまっている傾向があるように感じます。

鈴木：　一番の問題は組織にあると思っています。とくにフロントと言われる人たちのサッカーに対する姿勢です。あまりに

もサッカーを知らなすぎる。あるクラブの強化担当者に相談されたことがあります。そのクラブは長い間、成績を残すことができずにいた。その強化担当者には監督経験も、指導経験もありませんでした。

　強化担当者「鈴木さん、いろいろ試しているんですが、どうしたらいいのか分からなくなってきました」
　鈴木　　　「全部、監督任せにしていないか」
　強化担当者「言われてみると、そうですね」
　鈴木　　　「このクラブは、こういうチームをつくって、こういうサッカーをする。そういう理念がどのクラブにもなくてはいけない」

　クラブは監督を誰にするかを選ぶ。しかし、なかなか結果が出ないとします。この場合、監督が意図するチームの方向性とクラブの目指すチームの方向性が合致している場合、クラブは我慢するか、監督をクビにするのかの判断をすればいい。

　たとえクビにしても、クラブにビジョンがあれば次の監督をそのビジョンに沿って選ぶことができる。しかし、結果が出ないからと、ビジョンもないのに監督を代えていたら選手が迷ってしまう。

　強化の人間にもさまざまなタイプがある。フロント（クラブ上層部）にいても、上司の言うことになびいてイエスマンになっ

ているタイプや、現状を見ながら選手のためにと上司と戦うタイプ。このような状態では、Jリーグはよくならない。

矢野： 鈴木監督が日本体育大学にきて2年が経とうとしていますが、大学サッカーの現状はいかがですか？

鈴木： 高校も大学もそうですが、指導者が常に悩み、プレーヤーズ・ファーストを考えているのであれば、そのクラブはいい方向に進んでいくはずです。強豪と言われている高校や大学にも言えることですが、監督に意見する役割の人が誰もいないのが現実です。自分自身を常に見つめ、何が問題なのか、チームに足りないものは何か、なぜ負けたのか、なぜ、なぜ、と言うことを自問自答しなければならない。その回答が自分で見いだしていけるうちはいいが、答えが出なくなると、敗因や問題の所在が選手に向かっていってしまう。これが一番、心配であり、怖いことです。

矢野： なるほど、クラブのような組織を学校機関で整えるのは難しいですからね。

鈴木： なかなか難しいと思います。半年ほどかけて全国の中学や高校を観て回ったことがあります。そこで感じたことは、20人、30人、あるいはもっと大勢の子どもたちを預かってい

る顧問の先生の責任は非常に大きい。彼らのレベルを上げることは、将来の日本サッカーの発展のために絶対に必要なことです。

　日本サッカー協会もナショナルトレーニングコーチという制度を展開し、地方のレベルを向上しようと努めています。協会が責任を持って、この指導者なら派遣できると言う人材を現場に送り出してほしい。

　これまでは、協会が日当を出すのでJリーグのクラブから「誰か派遣してほしい」と依頼がきた。そのときも、日当いくらで派遣するような仕事ではないと、協会には苦言を呈した。最新のサッカー指導を希求しているところや、よりよい指導者を求めているところはいくらでもあります。とくに地方は、強く熱望しています。

矢野：　指導者のレベルに都道府県で差はありますか？
鈴木：　地域によって、指導者のレベルに多少の差はあると思います。もちろん、日本代表クラスの強化も必要で、現在それはいい方向に向かっています。しかし、よりよい選手を育成するためには、レベルの高い指導者を日本全国で養成することが必要です。そして、サッカーに関する情報を地域にフィードバックすることです。

近年、日本サッカー協会が予算を組んで、専門の指導者を派遣することが可能になりました。教える側がスペシャリストなので、クラブ顧問の先生方はもちろんのこと、トップレベルの指導者から最新の情報を得られるので、一人でも多くの指導者が受講することをお勧めします。

　育成部門に携わる指導者が、指導に興味を持ち楽しみながら進めて行かなければ、底辺を広げることはできません。そうでなれば、ピラミッドは崩れる。Ｊリーグを頂点とする、しっかりとしたピラミッドを形成すること、それこそが、Ｊリーグが掲げているスポーツ文化を築くことに繋がっていくのです。

　Ｊリーグの理念は、プロのレベルを上げることが真の目的ではありません。環境を整備してサッカーというスポーツを文化としてこの国に根付かせることが本来の目的なのです。

　この話はＪリーグのスタート時に、当時チェアマンだった川淵三郎さんがよく語っていました。

　『子どもたちがサッカーを楽しく学び、サッカーに親しみを感じる。その中から、ずば抜けたスキルやテクニックを持った子どもがプロを目指していく。しかし、プロにならなかった人が大人になってもサッカーを楽しく実戦している。そんな社会になったときに文化としてサッカーが、日本に根付いたと言えるのではないか』と。

そこまで、見越した指導が育成に携わる者には必要である。しかし、現状を見ると、どうしても勝ち負けにこだわる指導に偏っている。なかには、選手起用をめぐって、親に辞めさせられた監督がいる、といった話を聞くこともあります。

矢野：　確かに低年齢層の指導者は、大きすぎるぐらいの役割と責任がありますね。勝利至上主義は小学校のスポーツ現場でもみられます。では、小学生や中学生といった低年齢層の指導者がとくに注意することは何ですか。
鈴木：　指導する際、問題を棚上げにしておかないことが大切です。知らないこと、分からないことをそのままにしないこと。日本サッカー協会から派遣される指導者や学校で依頼する指導者は、最新の情報を持っています。知らなくて当然、分からなくて当然です。それを分からないままにしておいて、子どもたちに伝わるはずがありません。

　協会は指導者に向けて、情報を発信しています。しかし、いくら最新の指導法や練習法を文字で伝えたところで、どのくらい現場で生かされているか。どの程度、理解されているのかは、現場の指導を観てみないと分かりません。

　地方で実際にあった話ですが、言葉で伝えても意味が分からない。何が問題かが観えてこない。そのため、試合を進める中

で、攻撃のオンとオフ。ディフェンスのオンとオフなどの問題点を試合を止めながら、一つひとつ解決していきました。

夜の反省会で先生方から言われたのは、「ようやく、理解できました」でした。

ここまでして、ようやく子どもたちに指導できるのです。文字ベースで情報を発信しても、言葉で説明しても、まず、伝わっていないと思った方が間違いは起きない。

指導は一方通行ではできません。日本人に足りないものは、質問することです。とくに講習会など、大勢の人の前で質問することができない。外国人は違います。分からないことをそのままにすることの方が恥ずかしいと考えます。だから、堂々と聞いてくる。

一貫指導で一番大切なのは、各年代に合わせた指導をすることです。しかし、弊害は年代ごとに大会があることで、勝つことを優先した指導が行われること。育てることよりも勝つことにウエイトがかけられるのです。

小学校の高学年の子どもの試合でのことですが、前方の右サイドに大きなスペースがあった。するとベンチから、「右サイドにボールを出せー！」と大声で叫ぶ。

たまたま上手くボールが繋がり、得点に結びついた。すると、サイドにボールを送った子どもとゴールを決めた子どもに、

コーチが、「ナイスプレー」と声をかけたのです。

矢野： まるでゲームのリモコンみたいに選手を操ろうとする指導者ですね。

鈴木： こういう指導者がいるんです。もし、この場面を観て「おかしい」と思うのであれば、その人は指導者として子どもたちの指導にあたってもいいでしょう。しかし、この場面に疑問を持たない指導者がいたならば、何がおかしいのかを考えてもらいたい。

　今の場面、右サイドにパスを出した子どもが、観て、判断してプレーしていない。そこが重要です。

　コーチに言われるままにパスを出したのか。それとも、自分でスペースを確認してから、声を聞いて、パスを出したのかで、ナイスプレーかどうかが分かれるのです。

　指導者の立場から観ると、このような場面で、子どもが自ら気づくような指導ができるかどうかが、本当の指導力になります。

　勝つことが優先されれば、一事が万事、チャンスとなれば、大声であそこにパスだ、そこでシュートだと、試合中、ずっと叫んでいることになる。そこに、子どもたちの主体性があるのでしょうか。自分で判断することができるのか。サッカーとは

自分で観て、判断して、プレーするものです。言われるから、そこに蹴る。そういう選手をつくっては絶対にいけません。

　低学年になればなるほど、練習したことがどのくらいできているかをチェックする場がゲームです。

　ゲームをして、トレーニングをして、またゲームをする。これを日本サッカー協会も推奨しています。ゲームは楽しい。そこで出た課題を練習して補い、また、ゲームをして改善しているかの確認をする。その繰り返しです。

　練習は目的を明確にして、意識して行う。できないことをできるようにするためにトレーニングをする。しかし、試合は無意識でするものです。意識した中で練習でできても無意識になるゲームではできない。

　度々、「なんでお前は練習でできたのに、試合でできないんだ」という指導者がいます。しかし、練習は意識してできるようにトレーニングしているのだから、ある程度できるようになるのです。しかし試合では、瞬時の判断で勝手に身体が動くので、考えている暇がありません。そのため、できない場面がでてくるのです。

矢野： 鈴木監督が実際に日本の若年層のサッカーの指導現場を観て、何か具体的に感じることはありますか？

鈴木： 日本の指導で多いのは、シュート練習のためのシュート練習。ゴールの脇からシュートしやすいボールを出して、自分のタイミングでシュートを放つ。このような場面は、試合中、ほとんどありません。

　練習とは、試合でこういう問題があった。だから、こういうトレーニングをして解決しよう。それがトレーニングの意味です。

矢野： M–T–M ですね。Match（試合） - Training（練習） - Match（試合）試合から抽出された課題を練習で克服し、また試合で確認するという考え方ですね。

鈴木： そうです。練習内容は、当然する側のレベルも関係しますが、できるだけ、ゲームに近い設定で考えることが重要です。そうすることでゲームに繋がってくる。

　たとえば、3対2という練習をする。その後、3対3、6対6と人数を増やしていくが、これは、あくまでも実戦形式で行います。それがゲームに繋がっていくからです。

　目的はあくまでもゲームです。3対2はグリッド（決められた範囲）の中で行うので、実戦とは違いますが、3対2の目的は、攻撃において、いかにボールを失わずボールを動かせるかです。守備では3対2を同数（2対2）の局面にもっていく、できれ

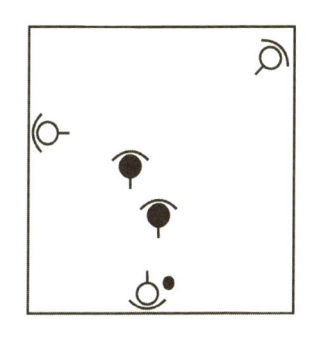

【数的不利】3 対 2 の場合
ボール保持者に対して 2 つの
パスコースがある状態。

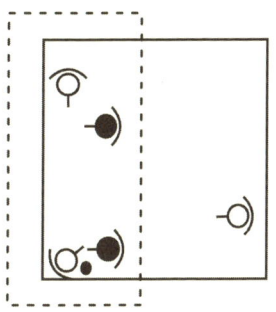

【数的同位】2 対 2 に持ち込む
DF によって 1 つのパスコース
がさえぎられ、もう 1 つのパ
スコースは、もう 1 人の DF に
よってインターセプトを狙わ
れる状態。

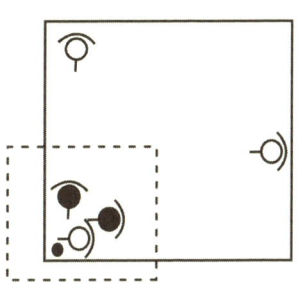

【数的優位】2 対 1 に持ち込む
ボール保持者がボールコント
ロールをミスした際に、その
状況を察知した DF2 人がボー
ルを奪いにいっている状態。
その際、DF はパスコースを遮
りながらいく。

ば2対1の局面を作り上げることです。

矢野： 　練習で大切なことは何ですか。
鈴木： 　練習で大切なのは、なぜ、その練習をするかという目的であって、練習メニューではない。

　選手がなぜ、このトレーニングをしているのかを理解して行っているのと、ただ与えられたメニューをこなしているのでは成果がまるで違う。

　U-14の子どもたちの練習を観てほしいと言われたので行ってみると、4ゴールゲーム（ゴールを4ヶ所に置いたゲーム）をしていた。このトレーニングの目的は、守備だと言う。

　サッカーのゲームはゴールが2つです。しかも、狙うゴールは一つだけ。シンプルに練習は、一つのゴールをどう守るか、どう攻めるか、これに徹した方が実践的で分かりやすい。

矢野： 　つまり、守備を目的としているのに4つもゴールがあるのは本末転倒ということですね。
鈴木： 　ゲーム分析をして、そこから抽出した課題が個人の問題なのか、グループの問題なのか、はたまたチームの問題なのか。その問題解決のためにどのような練習をするのかが、練習をする意義です。

　ミスはなぜ起きるのか。たとえば、ミスの原因がコントロー

ルミスの場合、ミスの原因を指導者がチェックできれば、練習に対するアプローチの仕方が変ってきます。

　なぜミスが起きたのか。なぜそこにパスを出すのか。指導者が分からなかったら、選手に聞いてみることです。

　「あそこにもスペースがあったけど、観てたか？」と、一声かけてあげることです。

　大切なのは観たかどうか。観て判断して、ボールを出すのは、こちらだと判断したのなら、例えパスが通らなくても、それがその子の判断です。この場合はパスの精度を上げるトレーニングをすればいいのです。

矢野：　個人的な課題を自覚して意識的に観ているか否かということですね。
鈴木：　観たことによって、相手が動いたとします。動いたところにスペースができる。しかし、観ないと動きやパスが限定されるので、カットされやすくなります。大切なのは、観えているかどうかということ。中には、観たが、観えていない選手もいる。それは、観ていないのと同じです。

矢野：　鈴木監督はよくホワイトボードに「観る」と記していますが「見る」とは何か意味合いが異なるのですか？
鈴木：　ただ「見る」のではなく、ボールの状況や味方の状況、

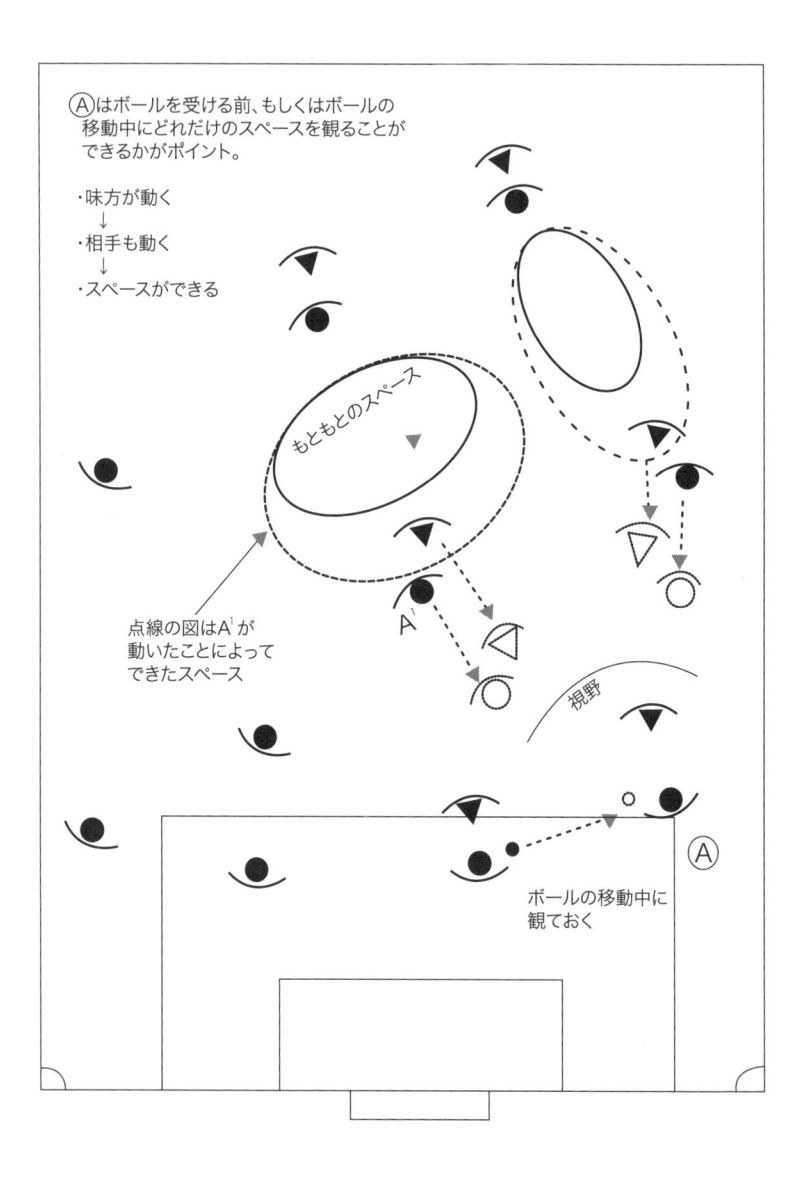

Ⓐはボールを受ける前、もしくはボールの移動中にどれだけのスペースを観ることができるかがポイント。

・味方が動く
　↓
・相手も動く
　↓
・スペースができる

もともとのスペース

点線の図はA'が動いたことによってできたスペース

視野

ボールの移動中に観ておく

Ⓐ

相手（敵）の状況を観察するという意味を込めて「観る」ことが大切だと言っています。

矢野： 大変参考になりました。いろいろと、ありがとうございました。

資料

●ここでは、ジュビロ磐田で使用していたスタッフの評価表を紹介する。よりよいチームを作り上げるためには、スタッフのレベルアップは必然である。

(　年度）　　　　　　　ユース監督

1．業務の遂行（契約書）　　　コーチ資格 ： S級

評価項目	コメント	評価%	評価
1）ゲーム成果 ・クラブユースゲーム結果 ・中日本ユースリーグゲーム結果 ・Jユースカップゲーム結果 ・プリンスリーグゲーム結果			
2）スタッフの統率 ・指導スタッフのコントロール ・メディカルスタッフ（怪我人対応） ・スタッフとの信頼関係 ・Jrユース以下の指導ベクトル合わせ			
3）ユース選手の育成 ・個人／グループ／チームのレベルアップ ・プロ選手としての人間教育（寮・私生活） ・トップチームを視野に入れて指導 ・選手とのコミュニケーション 　（技術向上／メンタル面の維持）			
4）選手からの信頼関係 ・選手個々の的確な分析に伴い 　状況に応じたアドバイス。			
5）クラブへの協力性 ・イベントその他への参加 ・ホームタウン業務 ・その他			
6）向上心 ・積極的な研修／講習会への参加 ・他のスタッフとのコミュニケーション 　（指導者側での問題・分析・対策）			
総合評価（満点30）		100	

(　年度)　　　　　　ユースコーチ

1. 業務の遂行(契約書)　　　コーチ資格　:　　A級

評価項目	コメント	評価%	評価
1)ゲーム成果 ・クラブユースゲーム結果 ・中日本ユースリーグゲーム結果 ・Jユースカップゲーム結果 ・プリンスリーグゲーム結果			
2)ユース監督へのサポート ・選手の状況を把握し的確に指導 ・選手の情報を監督に伝える ・監督の疑問に対し的確に対応する			
3)ユース選手の育成 ・個人/グループ/チームのレベルアップ ・プロ選手としての人間教育(寮・私生活) ・選手とのコミュニケーション 　(技術向上/メンタル面の維持)			
4)選手からの信頼関係 ・選手個々の的確な分析に伴い 　状況に応じたアドバイス。			
5)クラブへの協力性 ・イベントその他への参加 ・ホームタウン業務 ・その他			
6)向上心 ・積極的な研修/講習会への参加 ・他のスタッフとのコミュニケーション 　(指導者側での問題・分析・対策)			
総合評価　(満点30)		100	

(　年度)　　　　　　　ユースGKコーチ

1. 業務の遂行(契約書)　　　コーチ資格　：　　　級

評価項目	コメント	評価%	評価
1)ゲーム成果／個人成果 ・クラブユースゲーム結果 ・中日本ユースリーグゲーム結果 ・Jユースカップゲーム結果 ・プリンスリーグゲーム結果 ・GK個人成果(県・東海・日本)代表			
2)ユース監督へのサポート ・GK選手の状況を把握し的確に報告 ・GK選手の情報を監督に伝える ・監督の疑問に対し的確に対応する			
3)ユース選手の育成 ・GK含め基本技術・戦術・フィジカル等 ・プロ選手としての人間教育(寮・私生活) ・GK含め選手とのコミュニケーション 　(技術向上／メンタル面の維持)			
4)選手からの信頼関係 ・選手個々の的確な分析に伴い 　状況に応じたアドバイス。			
5)クラブへの協力性 ・イベントその他への参加 ・トレセン活動／スクール指導 ・ホームタウン業務 ・静岡産業大学指導			
6)向上心 ・積極的な研修／講習会への参加 ・他のスタッフとのコミュニケーション 　(指導者側での問題・分析・対策)			
総合評価　(満点30)		100	

(　年度)　　　　　　　ユースフィジカルコーチ

1. 業務の遂行(契約書)　　　　コーチ資格 ： C級

評 価 項 目	コメント	評価%	評価
1)ゲーム成果／個人成果 ・クラブユースゲーム結果 ・県ユースリーグゲーム結果 ・Jユースカップゲーム結果 ・プリンスリーグゲーム結果 ※心身共に良い準備を行う			
2)ユース監督へのサポート ・選手の状況を把握し的確に報告 ・選手の情報を監督に伝える ・監督の疑問に対し的確に対応する 　(フィジカル／メンタル／メディカル)			
3)ユース選手の育成 ・基本技術・戦術・フィジカル等 ・プロ選手としての人間教育(寮・私生活) 　(フィジカル／メンタル／メディカル)			
4)選手からの信頼関係 ・選手とのコミュニケーション 　(フィジカル／栄養・休養面)			
5)クラブへの協力性 ・イベントその他への参加 ・トレセン活動／スクール指導 ・ホームタウン業務 ・その他			
6)向上心 ・積極的な研修／講習会への参加 ・他のスタッフとのコミュニケーション 　(指導者側での問題・分析・対策)			
総合評価 (満点30)		100	

AFC U-19 選手権　結果

開催年	開催国	日本成績	優勝国
1978年	バングラディシュ	1次リーグ敗退	イラク／韓国
1980年	タイ	3位	韓国
1982年	タイ	予選敗退	韓国
1984年	アラブ首長国連邦	予選敗退	中国
1986年	サウジアラビア	予選敗退	サウジアラビア
1988年	カタール	1次リーグ敗退	イラク
1990年	インドネシア	1次リーグ敗退	韓国
1992年	アラブ主直国連邦	3位	サウジアラビア
1994年	インドネシア	準優勝	シリア
1996年	韓国	4位	韓国
1998年	タイ	準優勝	韓国
2000年	イラン	準優勝	イラク
2002年	カタール	準優勝	韓国
2004年	マレーシア	3位	韓国
2006年	インド	準優勝	北朝鮮
2008年	サウジアラビア	ベスト8	アラブ首長国連邦
2010年	中国	ベスト8	北朝鮮
2012年	アラブ首長国連邦	ベスト8	韓国

●AFCとはアジアサッカー連盟の略称で、AFCU-19選手権は、19歳以下のアジア選手権のこと。同大会はFIFA U-20ワールドカップのアジア予選を兼ねている。

FIFA U-20 ワールドカップ　結果

開催年	開催国	日本成績	優勝国
1977年	チュニジア	アジア予選敗退	ソビエト連邦
1979年	日本	グループリーグ敗退	アルゼンチン
1981年	オーストラリア	アジア予選敗退	西ドイツ
1983年	メキシコ	アジア予選敗退	ブラジル
1985年	ソビエト連邦	アジア予選敗退	ブラジル
1987年	チリ	アジア予選敗退	ユーゴスラビア
1989年	サウジアラビア	アジア予選敗退	ポルトガル
1991年	ポルトガル	アジア予選敗退	ポルトガル
1993年	オーストラリア	アジア予選敗退	ブラジル
1995年	カタール	ベスト8	アルゼンチン
1997年	マレーシア	ベスト8	アルゼンチン
1999年	ナイジェリア	準優勝	スペイン
2001年	アルゼンチン	グループリーグ敗退	アルゼンチン
2003年	アラブ首長国連邦	ベスト8	ブラジル
2005年	オランダ	ベスト16	アルゼンチン
2007年	カナダ	ベスト16	アルゼンチン
2009年	エジプト	アジア予選敗退	ガーナ
2011年	コロンビア	アジア予選敗退	ブラジル
2013年	トルコ	アジア予選敗退	

あとがき

　現在58歳の私は、ヤマハ発動機サッカー部時代、30歳で指導者という新たな人生をスタートし、約28年間の指導経験のなかで、世界のサッカーはどのようなサッカーを行い、どのような選手が必要とされているのかを、自分の眼で観て分析してきました。

　また、世界のトップレベルの監督経験をもった指導者や、世界のトップレベルで活躍した選手などとコミュニケーションをとることで、新たに学ぶことや、自信につながることが数多くあったように思います。

　なかでもオランダ代表選手だったジェラルド・ファネンブルグとの話で、当時から今でも心に残っている言葉があります。

「私は15〜16歳でサッカーにおけるオールマイティなプレーをすべて身につけた。その後はアヤックスのトップチームで経験を積むことで、より高い判断力と判断のスピードを兼ね備え、プレーの精度をアップしたことで、オランダ代表選手になった」

　私たち指導者は、世界トップレベルの選手たちは、どのよう

な能力をもった選手のことを言うのかを分析（個人的、グループ的、チーム的な分析が必要）し、知識としてもったなかで、一貫指導を理解し、現在、指導している選手たちの現状分析を的確に行い、粘り強く、ある面ではがまん強く指導できるかが大切になります。

　また、"プレーヤーズ・ファースト"という言葉を指導者は忘れてはいけません。プレーするのは選手であり、監督やコーチではないことを肝に銘じ、選手一人ひとりが的確な判断と判断のスピードをもつとともに、その判断を共有できたなかで、プレーの精度の高い選手に育成していくことが求められるのです。

　プロのトップチームの監督もゲームの結果を求められるプレッシャーのなかで、非常に大変な仕事だと思いますが、小学校、中学校、高校、そして大学といった育成年代の監督は、選手を育てることを第一に考え、繰り返し、繰り返し、できていないプレーをできるように指導することです。また、積極的なミスに対しては、がまん強く見守ることも大切になります。

　選手ができないことをできるようにするためには、何が問題

かを明確にし、意識して行っていたプレーを無意識にできるようになるまで、アプローチしなければなりません。

　育成年代の日本サッカーは、判断する力をレベルアップし、判断の共有をしたなかで、技術、戦術、体力、メンタルなどの強化を図り、オールマイティ＋スペシャリストな選手を育成することで、より質の高いＪリーグチーム、日本代表などのチームづくりにつながると確信しています。

　本書の出版に当たり、自らの半生を振り返り、日本体育大学に入学、そしてヤマハ発動機（現・ジュビロ磐田）に入社しなければ一生経験できなかった、いくつもの出来事を再確認できたとともに、自分の言葉で文章にすることの難しさと、自らの考えを伝えることの難しさを痛感しました。
　また、本書の章立てをどのように構成していくかなど、いろいろと計画していくなかで、日本体育大学の依田充代先生には多くのご指導とご協力をいただきました。ここに、深く感謝するとともに御礼を申し上げます。

第3章では、矢野晴之介先生（日本体育大学女子サッカー部監督）にも、お忙しいところ時間をとっていただき、ありがとうございました。

　さらに、叢文社の佐藤公美氏には本書の企画段階から出版に至るまで、大変お世話になりました。

　最後になりますが、本書のなかに登場する名波浩氏、中山雅史氏をはじめとするすべての選手、スタッフ、同僚の皆様、ジュビロ磐田の関係者の皆様に心より御礼を申し上げます。

　なお、一部、厳しい発言もあるかと存じますが、今後のＪリーグならびに、日本サッカー界がよりよい方向に進んでいくためと、ご理解いただき、ご容赦いただければ幸いです。

　　　　　　　　2013年　初春

　　　　　　　　　　　　　　　　　　　　鈴木政一

【著者プロフィール】

鈴木政一（すずき　まさかず）

1955年、山梨県生まれ。
笛吹市立御坂中学校、山梨県立石和高等学校、日本体育大学卒業。
日本体育大学サッカー部部長兼男子サッカー部監督。
財団法人日本サッカー協会　S級コーチ。
2011年4月　日本体育大学准教授
2013年4月　日本体育大学教授

1977年-1983年	ヤマハ発動機DFとして活躍
1984年-1990年	ヤマハ発動機サッカー部コーチ
1991年-1992年	ヤマハ発動機サッカー部総監督
1994年-1995年	ジュビロ磐田サテライト監督
2000年6月-2000年9月	ジュビロ磐田ヘッドコーチ
2000年9月-2002年	ジュビロ磐田監督
2004年9月-2004年11月	ジュビロ磐田監督兼強化部長
2010年9月-2011年3月	AC長野パルセイロ強化本部長
2011年4月-	日本体育大学男子サッカー部監督
2013年4月-	U-18サッカー日本代表監督

ジュビロ磐田での監督通算成績は59勝6分8敗と、勝率は8割を超える。AC長野パルセイロを地域リーグから就任わずか4ヶ月でJFLに昇格させ、日本体育大学の男子サッカー部を就任1年で、14年振りに1部に昇格させた。

『育てることと勝つことと』
- 鈴木政一のコーチング・フィロソフィー -

発　　　行：2013年3月27日　第1刷
著　　　者：鈴木政一
発　行　人：伊藤太文
発　行　元：株式会社 叢文社
　　　　　　112-0014
　　　　　　東京都文京区関口 1-47-12
　　　　　　TEL　03-3513-5285
　　　　　　FAX　03-3513-5286
編　　　集：佐藤公美
協　　　力：矢野晴之介
印　　　刷：モリモト印刷

定価はカバーに表示してあります。
乱丁・落丁についてはお取り替えいたします。
Masakazu SUZUKI　©
2013 Printed in Japan
ISBN978-4-7947-0710-9